Schachner · Thonhauser · Tscharf

Die besten Brotaufstriche

ISBN 3-7088-0032-X

Autoren: Gertrude Schachner, Irmgard Thonhauser, Maria Tscharf

Layout, Satz, technische Bearbeitung: Hubert Liebenberger, Kneipp-Verlag

Fotos Cover und Innenteil: Peter Bárci, Wien

Druck: Theiss GmbH, A-9431 St. Stefan

2. Auflage

Leoben, März 2006

Schachner · Thonhauser · Tscharf

Die besten Brotaufstriche

Vegetarische Rezepte

Verwendete Abkürzungen:

EL .... Esslöffel
TL .... Teelöffel
KL ...... Kaffeelöffel
l .... Liter
cl .... Zentiliter
g .... Gramm
Pkg. ...... Packung
Msp. ... Messerspitze

AUFSTRICHE MIT GETREIDE

AUFSTRICHE MIT TOFU

Aufstriche mit Käse

Aufstriche mit Fisch

AUFSTRICHE MIT FLEISCH, SCHINKEN UND WURST

SÜSSE AUFSTRICHE

Vorwort

Der Ausbildungsschwerpunkt „Gesundheits- und Ernährungsmanagement" an unserer Schule, der Höheren Bundeslehranstalt für wirtschaftliche Berufe (HBLA) Leoben, bietet Möglichkeiten für unzählige Projekte.

Beim „Kneipp-Aktiv-Club", einem langjährigen Kooperationspartner bei diversen Projekten, ist die Idee gereift, mit den Schüler/-innen und den Lehrern der Abteilung „Ernährung und Gastronomie" eine Kochbuchreihe herauszugeben.

Als Projektleiter bedanken wir uns herzlich bei FOL Annemarie Freytag und FL Karin Zengerer, die ihre großteils bereits auch im Unterricht erprobten Rezepte zur Verfügung gestellt bzw. bearbeitet haben.

Aufstriche sind heute aus der „Kalten Küche" nicht mehr wegzudenken. Aufstriche lassen sich sehr rasch mit einigen Zutaten zubereiten, variieren und sind vielseitig einsetzbar, z. B. als Aufstrich für das Jausenbrot, Canapés, Brötchen, Vorspeise bzw. Vorspeisencocktail oder als Fülle für verschiedene Gebäcke.

Aufstriche lassen sich sehr gut vorbereiten und sind deshalb auch ideal für die Bewirtung von Gästen.

Im vorliegenden Buch haben wir für Sie eine große Palette an Aufstrichen zusammengestellt.

Die im Buch angeführten Rezepte sind vielfach im Unterricht erprobt. Es werden alle Arbeitsschritte erklärt und das Nachkochen ist dadurch ganz einfach. Außerdem geben wir Ihnen viele Tipps, wie Sie aus den vorliegenden Aufstrichen raffinierte Gerichte für verschiedenste Anlässe zaubern können.

Wir wünschen viel Freude und gutes Gelingen beim Ausprobieren der Rezepte!

Gertrude Schachner
Irmgard Thonhauser
Maria Tscharf

Zum Geleit

In diesem Buch findet man eine Fülle von leckeren Aufstrichen, die mit wenigen Ausnahmen ernährungsphysiologisch sehr günstig sind. Die Basis der Aufstriche sind vorwiegend Milchprodukte wie Topfen (Quark), Frischkäse und auch Tofu. Ergänzt wird diese durch zahlreiche Gemüsesorten, Kräuter, Nüsse, Käse, verschiedene Fischsorten aber auch vorwiegend fettarme Wurstsorten.

Nachdem auch süße Aufstriche sehr beliebt sind, findet man hier auch noch einige Anregungen, um Naschkatzen den Griff zum Brot zu erleichtern.

Alle Aufstriche sind Nährwert-berechnet. Eine Portion Aufstrich (= 50 g) ist für zwei Stück Brote. Aufgrund des Gehaltes an Fett, Fettqualität und den Anteil an Gemüse sind Rezepte auch noch zusätzlich bewertet.

Nährwerte pro Portion Grün markierte Rezepte sind ernährungsphysiologisch sehr wertvoll. Sie haben einen niedrigen Fettgehalt (bis 5 g pro Portion) und enthalten Zutaten, die viele wertvolle Schutzstoffe liefern. Dazu zählen alle Gemüsesorten und fettarme Milchprodukte. Beträgt der Fettgehalt über 5 g pro Portion, sind aber sehr wertvolle Fettsäuren (z. B. Omega-3-Fettsäuren) enthalten, dann ist das Rezept auch grün. Besteht der Aufstrich trotz geringem Fettgehalt aber aus hauptsächlich tierischen Fetten (durch die Beigabe von Schlagobers (-sahne), Rahm u. v. m.), wird er aus diesem Grund orange markiert. Alle „grünen" Aufstriche eignen sich besonders für Personen, die sich bewusst ernähren möchten, aber auch für Personen, die Probleme mit ihrem Körpergewicht oder Fettstoffwechsel haben.

Nährwerte pro Portion Orange markierte Rezepte enthalten pro Portion zwischen 5 und 10 g Fett. Sie haben einen höheren Anteil an tierischen Fetten.

Nährwerte pro Portion Rot markiert wird ein Rezept, wenn entweder der Fettgehalt oder auch der Cholesteringehalt zu hoch ist. Fettreich bedeutet, dass der Gehalt an Gesamtfett pro Portion über 10 g liegt. Diese rot markierten Rezepte sollten eher selten auf dem Speiseplan stehen und auf alle Fälle von Personen mit starkem Übergewicht und Fettstoffwechselstörungen gemieden werden.

Brote mit diversen Aufstrichen sind ideal fürs Frühstück, aber natürlich auch für jede Zwischenmahlzeit und eignen sich auch als Hauptmahlzeit. Hier können sie durch zusätzliches Gemüse, wie Tomaten, Gurken oder auch Paprika, ergänzt werden. Alle Aufstriche können sehr schnell zubereitet werden und entsprechen so dem Trend zur schnellen Küche.

Ernährungsphysiologisch besonders wertvoll werden die Aufstrichbrote, wenn Vollkornbrot als Grundlage gewählt wird, da dieses zusätzlich noch Ballaststoffe, Vitamine und Mineralstoffe liefert. Durch die Vielzahl der Brotsorten und der im Buch angeführten Aufstriche kommt Abwechslung auf den Tisch!

Univ.-Doz. Mag. Dr. Ingrid Kiefer
Institut für Sozialmedizin der
Medizinischen Universität Wien

VEGETARISCHE AUFSTRICHE

Avocado-Kartoffel-Aufstrich

12 Portionen

200 g Kartoffeln
100 g Salatgurke
1/2 Paprika, grün
50 g Jungzwiebeln
2 Avocados
2 Knoblauchzehen, fein gehackt
1 EL Zitronensaft
1 TL Zitronenschale
Salz, Pfeffer

1. Kartoffeln kochen, auskühlen lassen
2. Gurke und Paprika in sehr kleine Würfel, Jungzwiebeln in feine Ringe schneiden
3. Avocados halbieren, Kern entfernen, Fruchtfleisch mit dem Löffel aus der Schale heben
4. Fruchtfleisch mit einer Gabel zu einer feinen Creme zerdrücken
5. Kartoffeln schälen und fein reiben
6. Avocadocreme, Kartoffeln, Knoblauch, Zitronensaft und Zitronenschale glatt rühren
7. Die restlichen Zutaten untermischen und würzen

Tipp:

Dieser Aufstrich kann auch als Dip für Tortilla-Chips gereicht werden.

Nährwerte pro Portion:	
Energie	77 kcal / 325 kJ
Eiweiß	1,1 g
Fett	5,6 g
Kohlenhydrate	4,9 g
Broteinheiten	0,41
Ballaststoffe	1,2 g
Cholesterin	0 mg
Kalzium	8 mg
Vitamin A	0,009 mg
Vitamin E	0,7 mg
Vitamin C	17 mg
Purin	5 mg

Avocado-Ei-Aufstrich

1. Eier kochen und kalt abschrecken (lassen sich besser schälen), auskühlen lassen
2. Zwiebel kleinwürfelig schneiden
3. Avocados halbieren, Kern entfernen und das Fruchtfleisch aus der Schale lösen
4. Kleinwürfelig schneiden und mit etwas Zitronensaft vermischen (Avocados werden dadurch nicht braun)
5. Eier schälen, kleinwürfelig schneiden, mit den restlichen Zutaten vermischen und mit einem Spritzer Essig abschmecken

Serviervorschlag:

Baguette schräg in Scheiben schneiden, toasten, mit Salatblättern und Tomatenscheiben belegen und mit dem Aufstrich bestreichen.

10 Portionen

2 Eier

1/2 Zwiebel

2 Avocados

Zitronensaft

1 EL Sauerrahm (saure Sahne)

1 EL Schnittlauch

Salz, Pfeffer

1 Spritzer weißer Balsamessig

Nährwerte pro Portion:	
Energie	95 kcal / 396 kJ
Eiweiß	2,3 g
Fett	8,3 g
Kohlenhydrate	1,7 g
Broteinheiten	0,14
Ballaststoffe	0,8 g
Cholesterin	49 mg
Kalzium	14 mg
Vitamin A	0,038 mg
Vitamin E	0,9 mg
Vitamin C	5 mg
Purin	5 mg

Avocado-Aufstrich

5 Portionen

1 Avocado
100 g Frischkäse 40 % F. i. T.
Salz, Pfeffer
Zitronensaft

1. Avocado halbieren, Kern entfernen und das Fruchtfleisch mit einem Löffel aus der Schale lösen
2. Fruchtfleisch mit einer Gabel zerdrücken
3. Mit dem Frischkäse verrühren und würzen

Tipp:

Den Aufstrich mit schwarzen Oliven oder Shrimps garnieren.

Passt sehr gut zu Nuss-, Weiß- oder Ciabattabrot.

Nährwerte pro Portion:	
Energie	100 kcal / 420 kJ
Eiweiß	2,6 g
Fett	8,8 g
Kohlenhydrate	2,0 g
Broteinheiten	0,16
Ballaststoffe	0,7 g
Cholesterin	8 mg
Kalzium	25 mg
Vitamin A	0,030 mg
Vitamin E	0,8 mg
Vitamin C	5 mg
Purin	4 mg

Apfel-Kren-Aufstrich

8 Portionen

2 säuerliche Äpfel
1 EL Kren (Meerrettich), fein gerieben
200 g Frischkäse 30 % F. i. T.
Salz, Zitronensaft

1. Äpfel mit der Schale fein reiben
2. Äpfel und Kren mit dem Frischkäse vermischen
3. Mit Salz und Zitronensaft abschmecken

Tipp:

Dieser Aufstrich kann auch auf Apfelscheiben dressiert als Vorspeise gereicht werden.

Nährwerte pro Portion:	
Energie	49 kcal/ 206 kJ
Eiweiß	2,7 g
Fett	1,7 g
Kohlenhydrate	5,3 g
Broteinheiten	0,45
Ballaststoffe	1,1 g
Cholesterin	6 mg
Kalzium	34 mg
Vitamin A	0,020 mg
Vitamin E	0,2 mg
Vitamin C	5 mg
Purin	3 mg

Waldorf-Aufstrich

1. Sellerie, Äpfel schälen und grob reißen
2. Walnüsse grob hacken (die 1/2 Menge zum Garnieren aufheben)
3. Alle Zutaten vermischen, abschmecken
4. Die Blätter vom Radicchio vorsichtig ablösen, waschen, gut trocknen und auf Brotscheiben legen
5. Den Waldorfaufstrich auf die Radicchioblätter geben, mit Walnüssen und Krauspetersilie garnieren

Tipps:

Besonders gut passt zu diesem Aufstrich ein Walnussbrot.

Der Waldorfaufstrich kann auch in einer Cocktailschale angerichtet werden, wenn statt Topfen nur Sauerrahm verwendet wird.

6 Portionen

100 g Sellerie

100 g Äpfel

20 g Walnüsse

60 g Topfen (Quark) 40 % Fett

3 EL Sauerrahm (saure Sahne)

Salz, Pfeffer

Garnitur:

einige Radicchioblätter

Krauspetersilie

Nährwerte pro Portion:	
Energie	61 kcal / 256 kJ
Eiweiß	1,7 g
Fett	4,6 g
Kohlenhydrate	3 g
Broteinheiten	0,25
Ballaststoffe	1 g
Cholesterin	8 mg
Kalzium	37 mg
Vitamin A	0,114 mg
Vitamin E	0,3 mg
Vitamin C	3 mg
Purin	5 mg

Sellerie-Aufstrich

5 Portionen

100 g Sellerie
10 g Walnüsse
150 g Frischkäse 30 % F. i. T.
1/2 EL Walnussöl
1 EL Zitronensaft
Salz, Pfeffer

1. Sellerie schälen, fein raspeln
2. Walnüsse grob hacken
3. Alle Zutaten vermischen, würzen

Dekorationsvorschlag:

Mit Selleriestroh bestreuen. (Sellerie mit der Gemüseschneidemaschine in feine Streifen schneiden, mit Küchenpapier gut abtrocknen und in Öl kurz frittieren. Auf Küchenpapier abtropfen lassen.)

Nährwerte pro Portion:	
Energie	62 kcal / 263 kJ
Eiweiß	3,7 g
Fett	4,1 g
Kohlenhydrate	2,2 g
Broteinheiten	0,19
Ballaststoffe	0,6 g
Cholesterin	7 mg
Kalzium	53 mg
Vitamin A	0,118 mg
Vitamin E	0,1 mg
Vitamin C	2 mg
Purin	5 mg

Radieschen-Sellerie-Aufstrich

1. Radieschen und Sellerie in feine Streifen schneiden
2. Topfen und QimiQ glatt rühren, mit Gemüsestreifen vermischen
3. Würzen mit Salz und Pfeffer
4. Aufstrich mit Radieschenscheiben und Schnittlauch garnieren

Tipp:

Statt Radieschen kann auch Rettich verwendet werden.

6 Portionen

8 Radieschen

100 g Sellerie

60 g Topfen (Quark) 20 % F. i. T.

3 EL QimiQ oder Sauerrahm (saure Sahne)

Salz, Pfeffer

Garnitur:

3 Radieschen

1/2 Bund Schnittlauch

Nährwerte pro Portion:	
Energie	30 kcal / 121 kJ
Eiweiß	1,7 g
Fett	1,6 g
Kohlenhydrate	1,6 g
Broteinheiten	0,13
Ballaststoffe	0,7 g
Cholesterin	6 mg
Kalzium	42 mg
Vitamin A	0,116 mg
Vitamin E	0 mg
Vitamin C	6 mg
Purin	4 mg

Canapés mit Karotten-Mandel-Creme

24 Portionen

6 Scheiben Roggenschrotbrot

---

120 g Karotten

80 g Mandeln, blanchiert

1 EL Petersilie, gehackt

200 g Frischkäse 30 % F. i. T.

Salz, Pfeffer

Zitronensaft

Garnitur:

6 schwarze Oliven

Schnittlauch

1. Karotten schälen, fein raspeln
2. Mandeln fein reiben
3. Alle Zutaten gut verrühren und ca. 15 Minuten kühl stellen
4. Für die Garnitur die Oliven in Scheiben und den Schnittlauch in ca. 3 cm lange Stücke schneiden
5. Brotscheiben in 24 Quadrate schneiden
6. Aus der Creme 24 Kugeln formen, auf die Brote legen und vorsichtig andrücken und garnieren

Nährwerte pro Portion:	
Energie	59 kcal / 251 kJ
Eiweiß	2,4 g
Fett	2,4 g
Kohlenhydrate	6,9 g
Broteinheiten	0,57
Ballaststoffe	1,6 g
Cholesterin	2 mg
Kalzium	22 mg
Vitamin A	0,082 mg
Vitamin E	0,9 mg
Vitamin C	0 mg
Purin	3 mg

Karotten-Aufstrich

1. Karotten in Würfel schneiden, weich dämpfen
2. Im Cutter fein passieren, auskühlen lassen
3. Topfen, Frischkäse und Sauerrahm glatt rühren, die Karottenmasse beigeben
4. Zwiebel sehr fein hacken und beigeben
5. Den Aufstrich pikant abschmecken
6. Mit etwas Dille garnieren

8 Portionen

100 g Karotten

250 g Magertopfen (-quark)

30 g Frischkäse 30 % F. i. T.

1 EL Sauerrahm (saure Sahne)

30 g Zwiebel

1 Msp. Fenchel, gemahlen

Salz, Pfeffer

etwas frische Dille

Nährwerte pro Portion:	
Energie	36 kcal / 151 kJ
Eiweiß	4,8 g
Fett	0,7 g
Kohlenhydrate	2,2 g
Broteinheiten	0,19
Ballaststoffe	0,5 g
Cholesterin	2 mg
Kalzium	49 mg
Vitamin A	0,203 mg
Vitamin E	0,1 mg
Vitamin C	1 mg
Purin	1 mg

Pikanter Karotten-Aufstrich

10 Portionen

160 g Kartoffeln
160 g Karotten
60 g Essiggurken
100 ml Jogurt 3,6 %
Salz, Pfeffer, Kren (Meerrettich)
1 EL Schnittlauch, fein geschnitten

1. Kartoffeln und Karotten kochen, auskühlen lassen
2. Kartoffeln schälen und mit den Karotten fein reiben
3. Essiggurken sehr fein hacken
4. Alle Zutaten mit dem Jogurt vermischen, abschmecken

Nährwerte pro Portion:	
Energie	25 kcal / 108 kJ
Eiweiß	0,9 g
Fett	0,4 g
Kohlenhydrate	4,1 g
Broteinheiten	0,34
Ballaststoffe	1 g
Cholesterin	1 mg
Kalzium	22 mg
Vitamin A	0,250 mg
Vitamin E	0,1 mg
Vitamin C	5 mg
Purin	3 mg

Lauch-Aufstrich

1. Eier hart kochen, abschrecken, schälen, fein hacken
2. Den Lauch in feine Ringe schneiden
3. In leicht gesalzenem Wasser blanchieren, kalt abschrecken, gut ausdrücken
4. Alle Zutaten vermischen
5. Pikant würzen
6. 1 Esslöffel Schnittlauch untermischen, den Rest als Garnitur verwenden

Serviervorschlag:

Dieser Aufstrich kann auch als kalte Vorspeise mit Rohschinken gereicht werden.

8 Portionen

2 Eier

200 g Lauch

80 g Mayonnaise 25 %

2 EL Sauerrahm (saure Sahne)

60 g Zwiebeln, fein gehackt

2 EL Petersilie, fein gehackt

Salz

Pfeffer aus der Mühle

2 – 3 Tropfen Worcestersoße

2 EL frischer Schnittlauch, fein geschnitten

Nährwerte pro Portion:	
Energie	74 kcal / 312 kJ
Eiweiß	2,7 g
Fett	6,2 g
Kohlenhydrate	1,6 g
Broteinheiten	0,13
Ballaststoffe	0,9 g
Cholesterin	69 mg
Kalzium	33 mg
Vitamin A	0,077 mg
Vitamin E	0,8 mg
Vitamin C	6 mg
Purin	4 mg

Rote-Rüben-Rohkostaufstrich

10 Portionen

150 g Rote Rüben
80 g Karotten
1 Apfel
3 EL Topfen (Quark) 10 % Fett
3 EL Sauerrahm (saure Sahne)
1 EL Zitronensaft
Salz

Garnitur:

1/2 Apfel
Salatblätter

1. Rote Rüben, Karotten, Apfel schälen, fein reiben
2. Topfen mit Sauerrahm glatt rühren
3. Rohkost mit Topfen-Sauerrahm-Gemisch, Zitronensaft und Salz marinieren
4. Für die Garnitur Apfel schälen, in feine Streifen schneiden, blanchieren und in einem Sieb gut abtropfen lassen

Serviervorschlag:

Vollkornbaguette in Scheiben schneiden, toasten, mit Salatblättern belegen, mit Aufstrich bestreichen und mit Apfelstreifen garnieren.

Nährwerte pro Portion:	
Energie	40 kcal / 172 kJ
Eiweiß	1,4 g
Fett	1,7 g
Kohlenhydrate	4,6 g
Broteinheiten	0,38
Ballaststoffe	1 g
Cholesterin	4 mg
Kalzium	24 mg
Vitamin A	0,135 mg
Vitamin E	0,1 mg
Vitamin C	5 mg
Purin	2 mg

Lauch-Frischkäse-Creme

6 Portionen

100 g Lauch
200 g Frischkäse 40 % F. i. T.
50 g Mandelstifte
1 EL Petersilie, fein gehackt
etwas Zitronenschale
Salz, Pfeffer

1. Lauch der Länge nach halbieren und in feine Streifen schneiden
2. Lauch in etwas Salzwasser kurz überkochen, in ein Sieb geben, abschrecken und gut abtropfen lassen
3. Mandeln leicht anrösten, überkühlen lassen und grob hacken
4. Alle Zutaten vermischen und würzen

Tipp:

Durch das Überbrühen von Lauch und Zwiebel werden diese bekömmlicher und die Aufstriche können 2 – 3 Tage kühl gelagert werden. Sie werden nicht bitter.

Nährwerte pro Portion:	
Energie	79 kcal / 329 kJ
Eiweiß	4,3 g
Fett	5,8 g
Kohlenhydrate	1,8 g
Broteinheiten	0,15
Ballaststoffe	0,8 g
Cholesterin	14 mg
Kalzium	57 mg
Vitamin A	0,058 mg
Vitamin E	1,2 mg
Vitamin C	4 mg
Purin	2 mg

Rohkost-Canapés

1. Brot in dünne Scheiben schneiden
2. Butter und Kräutersalz verrühren
3. Mit Würzbutter bestreichen, diagonal halbieren
4. Gemüse sehr fein schneiden oder reiben
5. Zutaten vermischen, würzen
6. Brote damit bestreichen, garnieren

5 Portionen

5 Scheiben Vollkornbrot (Kastenbrot)
20 g Butter, Kräutersalz

Aufstrich:

100 g Kohlrabi
100 g Karotten
1 EL Sauerrahm (saure Sahne)
Salz, Pfeffer
Petersilie
einige Tropfen Zitronensaft

Garnitur:

1/2 Paprika, grün
feine Karottenstreifen (Zesten)
Krauspetersilie

Nährwerte pro Portion:	
Energie	137 kcal / 575 kJ
Eiweiß	4 g
Fett	4,5 g
Kohlenhydrate	19,4 g
Broteinheiten	1,61
Ballaststoffe	3,7 g
Cholesterin	12 mg
Kalzium	34 mg
Vitamin A	0,344 mg
Vitamin E	0,9 mg
Vitamin C	30 mg
Purin	13 mg

Kürbis-Aufstrich

4 Portionen

150 g Kürbis
Salz
1/2 Zwiebel
1 Knoblauchzehe
1 EL Maiskeimöl
2 EL Jogurt 3,6 % Fett
1 TL Zitronensaft
2 EL Petersilie, fein gehackt
Pfeffer

1. Kürbis schälen, fein raspeln, leicht salzen
2. Etwa 5 Minuten ruhen lassen, ausdrücken
3. Zwiebel und Knoblauch sehr fein hacken, in Öl glasig anlaufen lassen
4. Kürbis beigeben und dünsten, bis die Flüssigkeit verdampft ist, anschließend auskühlen lassen
5. Die Kürbismasse mit den anderen Zutaten vermengen, gut abschmecken

Tipp:

Statt Kürbis kann man auch Zucchini verwenden.

Nährwerte pro Portion:	
Energie	43 kcal / 179 kJ
Eiweiß	1 g
Fett	3,2 g
Kohlenhydrate	2,3 g
Broteinheiten	0,20
Ballaststoffe	0,8 g
Cholesterin	1 mg
Kalzium	28 mg
Vitamin A	0,125 mg
Vitamin E	1 mg
Vitamin C	8 mg
Purin	3 mg

Jägerwecken mit Gemüsefülle

1. Zucchini, Karotten, Sellerie kleinwürfelig schneiden, bissfest kochen, gut abtropfen und auskühlen lassen
2. Essiggurken, Käse und Zwiebel kleinwürfelig schneiden
3. Vollwertbaguette aushöhlen (Krume aus dem Inneren des Brotes mit einem Kochlöffel entfernen, so dass der Sandwich hohl ist), Krume zerkleinern
4. Butter schaumig rühren, Topfen und die restlichen Zutaten dazugeben
5. Nach und nach so viel Krume wie nötig dazugeben, gut vermischen und würzen
6. Baguette füllen, in Alufolie wickeln
7. Im Kühlschrank gut durchkühlen lassen (am besten über Nacht)
8. Jägerwecken in ca. 2 cm dicke Scheiben schneiden, anrichten

15 Portionen

1 Vollwertbaguette
nicht eingeschnitten, beim Bäcker bestellen!

Fülle:
150 g Zucchini
150 g Karotten
80 g Sellerie
40 g Essiggurken
80 g Edamer
50 g Zwiebel
80 g Butter
130 g Topfen (Quark) 20 % F. i. T.
Kräutersalz, Pfeffer, weiß
1 EL Schnittlauch, fein geschnitten

Nährwerte pro Portion:	
Energie	106 kcal / 443 kJ
Eiweiß	4 g
Fett	5,6 g
Kohlenhydrate	8,8 g
Broteinheiten	0,75
Ballaststoffe	1,8 g
Cholesterin	15 mg
Kalzium	69 mg
Vitamin A	0,225 mg
Vitamin E	0,4 mg
Vitamin C	2 mg
Purin	6 mg

Gemüse-Tartar auf Kartoffelscheiben

12 Portionen

400 g Kartoffeln
1 Knoblauchzehe
1 EL Olivenöl
Salz, Pfeffer
Kümmel
---
100 g Tomaten
50 g Schalotten
100 g Karotten
100 g Kohlrabi
100 g Zucchini
1/2 Paprika, rot
1 EL Olivenöl
Salz, Pfeffer
Cayennepfeffer

Garnitur:

Kerbel

Nährwerte pro Portion:	
Energie	56 kcal / 238 kJ
Eiweiß	1,3 g
Fett	2 g
Kohlenhydrate	7,4 g
Broteinheiten	0,63
Ballaststoffe	1,5 g
Cholesterin	0 mg
Kalzium	15 mg
Vitamin A	0,154 mg
Vitamin E	0,5 mg
Vitamin C	20 mg
Purin	3 mg

1. Rohr auf 180 °C vorheizen, Blech mit Backpapier belegen
2. Kartoffeln gut waschen (Bürste) und in ca. 1/2 cm dicke Scheiben schneiden, auf das Blech legen
3. Knoblauch zerdrücken und mit dem Olivenöl verrühren
4. Kartoffelscheiben damit bestreichen, mit Salz, Pfeffer und Kümmel würzen
5. Ca. 15 Minuten im Rohr knusprig braten
6. Tomaten blanchieren, Haut abziehen, vierteln und in kleine Würfel schneiden
7. Schalotten fein und das restliche Gemüse in kleine Würfel schneiden
8. Mit Olivenöl vermischen, würzen und ca. 10 Minuten ziehen lassen
9. Auf den warmen Kartoffelscheiben verteilen und mit Kerbelblättern garnieren

Gemüse-Aufstrich

8 Portionen

100 g Karotten

50 g Gelbe Rüben

25 g Jungzwiebeln

50 g Erbsen

125 g Topfen (Quark) 20 % F. i. T.

2 EL Sauerrahm (saure Sahne)

1 EL Schnittlauch, fein geschnitten

Salz, weißer Pfeffer

1. Karotten und Gelbe Rüben in kleine Würfel schneiden
2. Jungzwiebeln der Länge nach halbieren und in feine Streifen schneiden
3. Gemüse dämpfen, bis es bissfest ist, danach in einem Sieb gut abtropfen lassen
4. Alle Zutaten vermischen und würzen

Nährwerte pro Portion:	
Energie	37 kcal / 156 kJ
Eiweiß	2,5 g
Fett	1,5 g
Kohlenhydrate	2,9 g
Broteinheiten	0,24
Ballaststoffe	1,2 g
Cholesterin	6 mg
Kalzium	32 mg
Vitamin A	0,332 mg
Vitamin E	0,2 mg
Vitamin C	3 mg
Purin	5 mg

Kartoffel-Aufstrich mit Gemüse

12 Portionen

250 g Kartoffeln
100 g Lauch
100 g Gelbe Rüben
100 g Karotten
1/8 l Sauerrahm (saure Sahne)
1 KL Senf
Salz, Pfeffer
1 EL Schnittlauch

1. Kartoffeln schälen, würfelig schneiden
2. In Salzwasser weich kochen
3. Lauch der Länge nach halbieren und in feine Streifen schneiden
4. Gelbe Rüben und Karotten in kleine Würfel schneiden, in Salzwasser bissfest kochen und zum Schluss Lauch noch kurz dazugeben
5. Gemüse abseihen und gut abtropfen lassen
6. Kartoffeln durch die Kartoffelpresse drücken oder mit einer Gabel zerdrücken, mit Sauerrahm und Senf gut verrühren
7. Die restlichen Zutaten dazugeben, gut verrühren und abschmecken

Tipp:

Kartoffelaufstriche möglichst frisch verwenden und nicht zu lange aufbewahren.

Nährwerte pro Portion:	
Energie	43 kcal / 184 kJ
Eiweiß	1 g
Fett	2 g
Kohlenhydrate	4,8 g
Broteinheiten	0,40
Ballaststoffe	1,2 g
Cholesterin	7 mg
Kalzium	22 mg
Vitamin A	0,289 mg
Vitamin E	0,1 mg
Vitamin C	5 mg
Purin	2 mg

Melanzani-Aufstrich

8 Portionen

1 Melanzani (Aubergine) ca. 300 g

1/2 EL Olivenöl

1/8 l Schlagobers (-sahne)

120 g Frischkäse 55 % F. i. T.

2 Knoblauchzehen, fein gehackt

Salz, Pfeffer

Garnitur:

Gartenkresse

Nährwerte pro Portion:	
Energie	102 kcal / 429 kJ
Eiweiß	2,2 g
Fett	9,4 g
Kohlenhydrate	1,8 g
Broteinheiten	0,16
Ballaststoffe	0,9 g
Cholesterin	29 mg
Kalzium	29 mg
Vitamin A	0,087 mg
Vitamin E	0,3 mg
Vitamin C	2 mg
Purin	2 mg

1. Melanzani schälen und das Fruchtfleisch kleinwürfelig schneiden
2. Melanzaniwürfel in Öl anschwitzen
3. Schlagobers zugießen und unter öfterem Rühren dickcremig einkochen
4. Masse überkühlen lassen
5. Melanzani-Masse mit Frischkäse, Knoblauch, Salz und Pfeffer würzen

Serviervorschlag:

Vollkornbaguette in dünne Scheiben schneiden, mit der Masse bestreichen und mit Kresse bestreuen.

Melanzanitopfen

10 Portionen

1. Melanzani schälen, in ca. 1 cm große Würfel schneiden
2. In Olivenöl rasch anbraten, salzen und auskühlen lassen
3. Basilikum in feine Streifen schneiden
4. Topfen mit den Zutaten verrühren, würzen
5. Masse ca. 20 Minuten ziehen lassen

1 Melanzani (Aubergine)

3 EL Olivenöl

1/2 Bund Basilikum

250 g Magertopfen (-quark)

Kräutersalz, Pfeffer

Serviervorschlag:

In Tomaten gefüllt:
Dazu von den Tomaten die Kappen abschneiden und Tomaten aushöhlen. Mit dem Aufstrich füllen, Deckel wieder aufsetzen und eventuell mit Blattsalaten anrichten.

Nährwerte pro Portion:	
Energie	51 kcal / 215 kJ
Eiweiß	3,7 g
Fett	3 g
Kohlenhydrate	1,7 g
Broteinheiten	0,14
Ballaststoffe	0,7 g
Cholesterin	0 mg
Kalzium	37 mg
Vitamin A	0,005 mg
Vitamin E	0,4 mg
Vitamin C	1 mg
Purin	2 mg

Ricotta-Spinat-Aufstrich

10 Portionen

200 g Blattspinat, frisch
4 EL Wasser
20 g Jungzwiebeln
250 g Ricotta
50 g Parmesan
1 Knoblauchzehe, fein gehackt
Salz, Pfeffer

1. Spinat putzen und in Salzwasser ca. 3 Minuten dünsten, in einem Sieb abtropfen lassen
2. Jungzwiebeln in feine Streifen schneiden, Spinat grob hacken
3. Spinat mit Ricotta, Parmesan, Jungzwiebeln und Knoblauch mischen, mit Salz und Pfeffer abschmecken

Serviervorschlag:

Vollkornbaguette in Scheiben schneiden und im Rohr bei ca. 220 °C rösten. Brotscheiben mit Salatblättern belegen, mit dem Aufstrich bestreichen und mit Cocktailtomaten garnieren.

Nährwerte pro Portion:	
Energie	57 kcal / 238 kJ
Eiweiß	5,8 g
Fett	3,2 g
Kohlenhydrate	0,9 g
Broteinheiten	0,08
Ballaststoffe	0,7 g
Cholesterin	11 mg
Kalzium	174 mg
Vitamin A	0,311 mg
Vitamin E	0,7 mg
Vitamin C	7 mg
Purin	8 mg

Rucola-Spinat-Aufstrich

1. Kartoffeln kochen und auskühlen lassen
2. Rucola und Blattspinat putzen und in etwas Salzwasser ca. 5 Minuten kochen
3. In ein Sieb geben, kalt abschrecken und gut abtropfen lassen
4. Die Hälfte grob hacken und den Rest mit dem Mixstab fein pürieren
5. Kartoffeln schälen, durch die Kartoffelpresse drücken und mit den restlichen Zutaten vermischen

Tipp:

Der Aufstrich kann auch mit Frischkäse oder Topfen (Quark) zubereitet werden.

8 Portionen

200 g Kartoffeln
100 g Rucola
100 g Blattspinat
2 EL Crème fraîche
1 Knoblauchzehe, fein gehackt
Salz, Pfeffer
etwas Muskatnuss

Nährwerte pro Portion:	
Energie	48 kcal / 196 kJ
Eiweiß	1,7 g
Fett	1,9 g
Kohlenhydrate	5,4 g
Broteinheiten	0,47
Ballaststoffe	1,4 g
Cholesterin	5 mg
Kalzium	53 mg
Vitamin A	0,342 mg
Vitamin E	0,8 mg
Vitamin C	12 mg
Purin	10 mg

Rucola-Aufstrich

8 Portionen

100 g Rucola
200 g Frischkäse 30 % F. i. T.
2 EL Sauerrahm (saure Sahne)
80 g Parmesan, gerieben
Salz, Pfeffer

1. Rucola waschen und putzen
2. Rucolablätter ca. 1 Minute in Salzwasser überkochen, in kaltem Wasser abschrecken, gut ausdrücken
3. Blätter mit einem Mixstab pürieren
4. Frischkäse mit dem Sauerrahm verrühren und die restlichen Zutaten untermischen, mit Salz und Pfeffer würzen

Tipps:

Wird statt Frischkäse nur Sauerrahm verwendet, erhält man eine ausgezeichnete Rucolasoße.

Gut geeignet als Dip für Gemüse.

Nährwerte pro Portion:	
Energie	80 kcal / 335 kJ
Eiweiß	6,7 g
Fett	4,6 g
Kohlenhydrate	2,1 g
Broteinheiten	0,19
Ballaststoffe	0,4 g
Cholesterin	14 mg
Kalzium	186 mg
Vitamin A	0,230 mg
Vitamin E	0,4 mg
Vitamin C	4 mg
Purin	3 mg

Tomaten-Mandel-Aufstrich

10 Portionen

400 g Tomaten
50 g Mandeln
1 Knoblauchzehe
1/2 EL Olivenöl
1/2 Bund Basilikum
Salz, Pfeffer

1. Das Backrohr auf 200 °C vorheizen
2. Tomaten halbieren, auf ein Backblech legen und ca. 20 Minuten backen
3. Mandeln in einer Pfanne ohne Öl kurz anrösten, überkühlen lassen und fein reiben
4. Die Haut der Tomaten abziehen und das Fruchtfleisch mit dem Mixstab pürieren
5. Knoblauchzehe fein hacken
6. Tomaten, Mandeln, Knoblauch und Olivenöl mit dem Mixstab kurz vermischen
7. Basilikum fein schneiden, untermischen und mit Salz und Pfeffer abschmecken

Tipp:

Diesen Aufstrich auf getoasteten Sandwichscheiben servieren oder als Beilage zu gebackenen Blätterteigpastetchen reichen.

Nährwerte pro Portion:	
Energie	49 kcal / 206 kJ
Eiweiß	1,4 g
Fett	3,8 g
Kohlenhydrate	1,8 g
Broteinheiten	0,15
Ballaststoffe	1,5 g
Cholesterin	0 mg
Kalzium	22 mg
Vitamin A	0,050 mg
Vitamin E	1,8 mg
Vitamin C	9 mg
Purin	2 mg

Tomaten-Rucola-Aufstrich

10 Portionen

200 g Kartoffeln
2 Tomaten
50 g Rucola
2 EL Sauerrahm (saure Sahne)
Salz, Muskatnuss
2 EL Kräuter, gemischt Basilikum, Oregano

1. Kartoffeln schälen, würfelig schneiden
2. In Salzwasser weich kochen
3. Tomaten in kleine Würfel schneiden
4. Rucola in feine Streifen schneiden
5. Kartoffeln durch die Kartoffelpresse drücken oder mit einer Gabel zerdrücken, mit Sauerrahm gut verrühren
6. Die restlichen Zutaten dazugeben, gut verrühren und abschmecken

Dekorationsvorschlag:

Rucola oder Basilikum und Cocktailtomaten.

Nährwerte pro Portion:	
Energie	29 kcal / 124 kJ
Eiweiß	0,8 g
Fett	0,6 g
Kohlenhydrate	4,4 g
Broteinheiten	0,37
Ballaststoffe	0,9 g
Cholesterin	2 mg
Kalzium	20 mg
Vitamin A	0,106 mg
Vitamin E	0,3 mg
Vitamin C	13 mg
Purin	3 mg

Frischkäsecreme mit Kresse

Tomaten-Rucola-Aufstrich

Frischkäsecreme mit Kresse

5 Portionen

200 g Frischkäse 30 % F. i. T.

30 g Margarine

1 EL Kren (Meerrettich)

40 g Kresse

1 TL Zitronensaft

Salz

1. Frischkäse und Margarine glatt rühren
2. Kren fein reiben, beigeben
3. Die Kresse locker untermischen
4. Mit etwas Zitronensaft und Salz abschmecken

Tipps:

Diesen Aufstrich sollte man im Frühling mit frischer Brunnenkresse zubereiten, dann aber weniger Kren verwenden.

Schmeckt besonders gut zu Knäckebrot.

Bild auf Seite 41.

Nährwerte pro Portion:	
Energie	94 kcal / 395 kJ
Eiweiß	4,4 g
Fett	7,4 g
Kohlenhydrate	1,8 g
Broteinheiten	0,16
Ballaststoffe	0,4 g
Cholesterin	11 mg
Kalzium	65 mg
Vitamin A	0,095 mg
Vitamin E	0,9 mg
Vitamin C	6 mg
Purin	1 mg

Tomaten-Tartar

10 Portionen

500 g Tomaten
10 Basilikumblätter
50 g Schalotten
1 Knoblauchzehe, fein gehackt
Salz, Pfeffer

1. Tomaten vierteln, entkernen und in kleine Würfel schneiden
2. Basilikumblätter in Streifen schneiden
3. Schalotten kleinwürfelig schneiden
4. Alle Zutaten vermischen und abschmecken

Serviervorschlag:

Getoastetes Bauernbrot mit Knoblauch einreiben und mit dem Tomaten-Tartar belegen.

In Italien nennt man dieses Gericht »Bruschetta« (sprich: bruskétta).

Nährwerte pro Portion:	
Energie	15 kcal / 60 kJ
Eiweiß	0,7 g
Fett	0,1 g
Kohlenhydrate	2,4 g
Broteinheiten	0,21
Ballaststoffe	1 g
Cholesterin	0 mg
Kalzium	8 mg
Vitamin A	0,058 mg
Vitamin E	0,4 mg
Vitamin C	11 mg
Purin	3 mg

Tomaten-Frischkäse-Knöderln

4 Portionen

50 g getrocknete Tomaten in Öl

150 g Frischkäse 30 % F. i. T.

Salz, Pfeffer

1/2 Bund Schnittlauch

1. Tomaten gut abtropfen lassen, sehr fein hacken
2. Mit dem Frischkäse verrühren, würzen
3. Schnittlauch fein schneiden
4. Aus der Masse Knöderln formen und im Schnittlauch wälzen

Nährwerte pro Portion:	
Energie	67 kcal / 279 kJ
Eiweiß	5,4 g
Fett	2,6 g
Kohlenhydrate	4,7 g
Broteinheiten	0,39
Ballaststoffe	0,5 g
Cholesterin	8 mg
Kalzium	69 mg
Vitamin A	0,166 mg
Vitamin E	1,4 mg
Vitamin C	21 mg
Purin	5 mg

Kokosschmalz-Aufstrich

10 Portionen

1 Zwiebel
3 Knoblauchzehen
250 g Kokosfett (Ceres), ungehärtet
1 1/2 EL Hefeextrakt
2 EL Maiskeimöl
Salz
1 TL Kümmel, fein gehackt

1. Zwiebel und Knoblauchzehen fein hacken und in 1 EL Kokosfett goldgelb anschwitzen
2. Überkühlen lassen
3. Restliches Kokosfett mit Hefeextrakt und Maiskeimöl cremig rühren
4. Zwiebel-Knoblauch-Mischung dazugeben und mit den Gewürzen abschmecken
5. In den Kühlschrank stellen und ein- bis zweimal glatt rühren

Dekorationsvorschlag:

Aufstrich auf Vollkornbrot streichen und mit Zwiebelringen und Paprikastreifen garnieren oder mit Sesamsalz bestreuen.

Sesamsalz:

Sesamkörner mit Meersalz vermischen, in einer beschichteten Pfanne ohne Öl hellbraun rösten. Anschließend grob schroten.

Nährwerte pro Portion:	
Energie	260 kcal / 1.084 kJ
Eiweiß	0,7 g
Fett	27,2 g
Kohlenhydrate	1,1 g
Broteinheiten	0,09
Ballaststoffe	0,2 g
Cholesterin	0 mg
Kalzium	7 mg
Vitamin A	0,001 mg
Vitamin E	1,1 mg
Vitamin C	1 mg
Purin	2 mg

Erdäpfelkas

6 Portionen

200 g Erdäpfel (Kartoffeln)
3 EL Sauerrahm (saure Sahne)
60 g Magertopfen (-quark)
1 EL Kren (Meerrettich)
1/2 EL Apfelessig
Salz, Pfeffer
Kümmel
Majoran

1. Erdäpfel kochen
2. Erdäpfel schälen, passieren
3. Mit den restlichen Zutaten vermischen, würzen und mit dem Mixer flaumig rühren

Nährwerte pro Portion:	
Energie	52 kcal / 219 kJ
Eiweiß	2,3 g
Fett	1,6 g
Kohlenhydrate	6,4 g
Broteinheiten	0,53
Ballaststoffe	0,9 g
Cholesterin	5 mg
Kalzium	24 mg
Vitamin A	0,019 mg
Vitamin E	0 mg
Vitamin C	6 mg
Purin	2 mg

Paprika-Kartoffel-Aufstrich

12 Portionen

400 g mehlige Kartoffeln
2 EL Sauerrahm (saure Sahne)
2 EL Butter
Salz, Pfeffer
frischer Thymian, Muskat
1 Paprika, grün
1 Paprika, rot
30 g Kresse

1. Die Kartoffeln dämpfen, schälen, noch heiß durch die Kartoffelpresse drücken
2. Mit Sauerrahm und Butter gut verrühren
3. Mit Salz, Pfeffer, Thymian und etwas geriebener Muskatnuss würzen
4. Paprika waschen, putzen, in kleine Würfel schneiden, in leicht gesalzenem Wasser bissfest kochen
5. Abgießen, abschrecken, gut abtropfen lassen
6. Die Kresse von den Stielen abschneiden, Gemüse und Kresse mit der Kartoffelmasse vermischen
7. Bei Bedarf nachwürzen

Tipp:

Im Frühling kann dieser Aufstrich mit Brunnenkresse oder Bärlauch gewürzt werden.

Nährwerte pro Portion:	
Energie	55 kcal/ 231 kJ
Eiweiß	1,2 g
Fett	2,3 g
Kohlenhydrate	6,8 g
Broteinheiten	0,57
Ballaststoffe	1,4 g
Cholesterin	6 mg
Kalzium	14 mg
Vitamin A	0,075 mg
Vitamin E	0,6 mg
Vitamin C	43 mg
Purin	4 mg

Serbischer Paprika-Aufstrich

1. Das Backrohr auf 220 °C vorheizen
2. Paprika etwa 30 Minuten braten, abkühlen lassen
3. Die Haut abziehen, entkernen und im Cutter sehr fein pürieren
4. Mit Olivenöl und Zitronensaft verrühren
5. Knoblauch pressen, beigeben
6. Gut abschmecken

6 Portionen

2 Paprika, rot
1 EL Olivenöl
1 Knoblauchzehe
etwas Zitronensaft
Salz
Pfeffer

Nährwerte pro Portion:	
Energie	34 kcal / 143 kJ
Eiweiß	0,7 g
Fett	2,2 g
Kohlenhydrate	2,7 g
Broteinheiten	0,23
Ballaststoffe	1 g
Cholesterin	0 mg
Kalzium	8 mg
Vitamin A	0,166 mg
Vitamin E	1,6 mg
Vitamin C	75 mg
Purin	3 mg

Liptauer

10 Portionen

100 g Zwiebeln
100 g Essiggurken
1/2 Bund Schnittlauch
50 g Butter
250 g Magertopfen (-quark)
Salz, Paprika, Pfeffer, Senf

1. Zwiebeln und Essiggurken kleinwürfelig schneiden
2. Schnittlauch fein schneiden
3. Butter schaumig rühren, Topfen dazugeben
4. Restliche Zutaten mit der Topfenmasse verrühren, würzen

Dekorationsvorschlag:

Zwiebelringe und Schnittlauch.

Nährwerte pro Portion:	
Energie	63 kcal / 262 kJ
Eiweiß	3,7 g
Fett	4,1 g
Kohlenhydrate	1,9 g
Broteinheiten	0,16
Ballaststoffe	0,6 g
Cholesterin	12 mg
Kalzium	40 mg
Vitamin A	0,048 mg
Vitamin E	0,1 mg
Vitamin C	3 mg
Purin	2 mg

Partyfeuer

10 Portionen

1 Paprika, rot

1/2 Zwiebel

3 Knoblauchzehen

4 Sardellenfilets oder -ringerln

250 g Topfen (Quark) 20 % F. i. T.

3 EL Ketchup hot

1 Prise Chilipulver

Salz

1. Paprika und Zwiebel in kleine Würfel schneiden
2. Knoblauchzehen und Sardellenfilets fein hacken
3. Topfen mit Ketchup und Chilipulver gut verrühren und die restlichen Zutaten dazugeben, abschmecken

Dekorationsvorschlag:

Mit Pfefferoni- oder Zwiebelringen belegen.

Nährwerte pro Portion:	
Energie	40 kcal / 166 kJ
Eiweiß	3,5 g
Fett	1,1 g
Kohlenhydrate	3,4 g
Broteinheiten	0,29
Ballaststoffe	0,4 g
Cholesterin	4 mg
Kalzium	36 mg
Vitamin A	0,070 mg
Vitamin E	0,4 mg
Vitamin C	22 mg
Purin	4 mg

Champignon-Aufstrich

8 Portionen

200 g Champignons
1 EL Zitronensaft
1 EL Olivenöl
2 Eier
1 EL Kren (Meerrettich)
40 g Mayonnaise 25 % Fett
1 EL Sauerrahm (saure Sahne)
Salz
Pfeffer aus der Mühle

1. Die Pilze fein hacken, mit Zitronensaft beträufeln, in Olivenöl dünsten, bis die Flüssigkeit verdunstet ist
2. Eier hart kochen, fein hacken
3. Pilze, Eier und Kren vermischen, würzen
4. Mit Mayonnaise und Sauerrahm binden, abschmecken

Serviervorschlag:

In Blätterteigpastetchen gefüllt eignet sich dieser Aufstrich als kalte Vorspeise oder als Gericht für kalte Buffets.

Nährwerte pro Portion:	
Energie	45 kcal / 193 kJ
Eiweiß	2,7 g
Fett	3,2 g
Kohlenhydrate	1,1 g
Broteinheiten	0,09
Ballaststoffe	0,6 g
Cholesterin	61 mg
Kalzium	14 mg
Vitamin A	0,039 mg
Vitamin E	0,3 mg
Vitamin C	3 mg
Purin	10 mg

Schwammerl-Kartoffel-Aufstrich

10 Portionen

250 g mehlige Kartoffeln
150 g Champignons
50 g Schalotten
1/2 EL Butter
1/8 l Sauerrahm (saure Sahne)
Salz, Pfeffer
Thymian
1 EL Petersilie

Nährwerte pro Portion:	
Energie	62 kcal / 255 kJ
Eiweiß	1,3 g
Fett	3,2 g
Kohlenhydrate	5,6 g
Broteinheiten	0,47
Ballaststoffe	1 g
Cholesterin	10 mg
Kalzium	20 mg
Vitamin A	0,046 mg
Vitamin E	0,1 mg
Vitamin C	6 mg
Purin	7 mg

1. Kartoffeln schälen, würfelig schneiden
2. In Salzwasser weich kochen
3. Champignons in ca. 1 cm große Stücke schneiden, Schalotten kleinwürfelig schneiden
4. Beides in Butter anschwitzen und anschließend in einem Sieb gut abtropfen lassen
5. Kartoffeln durch die Kartoffelpresse drücken oder mit einer Gabel zerdrücken, mit Sauerrahm gut verrühren
6. Die restlichen Zutaten dazugeben und gut verrühren, abschmecken

Tipp:

Sollte die Champignon-Mischung sehr feucht sein, dann schlagen Sie sie am besten in ein Tuch ein und drücken sie vorsichtig aus.

Bärlauch-Aufstrich

1. Das Ei hart kochen
2. In Scheiben schneiden, eine Hälfte zum Garnieren verwenden, die zweite Hälfte fein hacken
3. Bärlauch fein hacken
4. Topfen, Frischkäse, Ei und Gewürze verrühren, gut abschmecken
5. Mit Eispalten und etwas Bärlauch garnieren

Tipp:

Dieser Aufstrich passt zu Vollkornbrot und anderen Schwarzbrotarten.

Hinweis:

Frischer Bärlauch hat einen intensiven Knoblauchgeschmack und ist sehr gesund.

Er kann aber nur im Frühling verwendet werden.

8 Portionen

1 Ei

60 g Bärlauch

250 g Magertopfen (-quark)

50 g Frischkäse 30 % F. i. T.

Salz

Pfeffer aus der Mühle

Kräutersalz

Garnitur:

Eischeiben, Bärlauch

Nährwerte pro Portion:	
Energie	54 kcal / 224 kJ
Eiweiß	6 g
Fett	1,4 g
Kohlenhydrate	3,4 g
Broteinheiten	0,27
Ballaststoffe	0,1 g
Cholesterin	33 mg
Kalzium	43 mg
Vitamin A	0,023 mg
Vitamin E	0,1 mg
Vitamin C	1 mg
Purin	0 mg

Bärlauch-Kernöl-Aufstrich

4 Portionen

20 g Bärlauch

200 g Frischkäse 30 % F. i. T.

2 EL Kürbiskernöl

Salz, Pfeffer

1. Bärlauchblätter fein schneiden
2. Frischkäse mit den restlichen Zutaten vermischen und würzen

Dekorationsvorschlag:

Vollkornbrot mit Aufstrich bestreichen und mit Tomatenscheiben garnieren.

Tipp:

Dieser Aufstrich kann für ein Buffet auch in kleine Tomaten gefüllt und mit Blattsalaten angerichtet werden.

Nährwerte pro Portion:	
Energie	103 kcal / 436 kJ
Eiweiß	5,4 g
Fett	8 g
Kohlenhydrate	2 g
Broteinheiten	0,17
Ballaststoffe	0,1 g
Cholesterin	11 mg
Kalzium	61 mg
Vitamin A	0,034 mg
Vitamin E	0,2 mg
Vitamin C	0 mg
Purin	0 mg

Aufstrich-Würfel

1. Rucola in etwas Salzwasser überbrühen, mit kaltem Wasser abschrecken und fein pürieren
2. Margarine cremig rühren, mit Topfen, Salz, Pfeffer und Knoblauch gut verrühren
3. Aufstrich dritteln
4. Ein Drittel mit Rucola, ein weiteres mit Ketchup und Paprikapulver verrühren und restliches Drittel natur belassen
5. Je 2 Brotscheiben mit einem Aufstrich bestreichen
6. Brote übereinander setzen (grün, weiß, rot) und mit einer leeren Brotscheibe abschließen
7. Brote in Frischhaltefolie wickeln und ca. 4 Stunden kühl stellen
8. Brote in je 8 Stücke schneiden und anrichten

Dekorationsvorschlag:

Cocktailtomaten, Radieschenscheiben und Rucolablätter

16 Portionen

30 g Rucola

Fülle:

50 g Halbfettmargarine

250 g Topfen (Quark) 20 % F. i. T.

Salz, Pfeffer

2 Knoblauchzehen, fein gehackt

1/2 EL Ketchup

1 KL Paprikapulver, edelsüß

---

8 Scheiben Pumpernickel

Nährwerte pro Portion:	
Energie	67 kcal / 282 kJ
Eiweiß	3,2 g
Fett	2,2 g
Kohlenhydrate	8,5 g
Broteinheiten	0,71
Ballaststoffe	1,8 g
Cholesterin	3 mg
Kalzium	28 mg
Vitamin A	0,072 mg
Vitamin E	0,5 mg
Vitamin C	1 mg
Purin	5 mg

Kräutertopfen

4 Portionen

3 EL Kräuter, gemischt
1 Knoblauchzehe
200 g Topfen (Quark) 20 % F. i. T.
Salz, Pfeffer

1. Kräuter und Knoblauch fein hacken
2. Topfen glatt rühren und mit den Kräutern und den Gewürzen vermischen, würzen

Tipp:

Wird der halbe Topfen durch Jogurt oder Sauerrahm ersetzt, erhält man einen Dip für Gemüsestifte.

Nährwerte pro Portion:	
Energie	52 kcal / 219 kJ
Eiweiß	5,7 g
Fett	2,2 g
Kohlenhydrate	2,1 g
Broteinheiten	0,18
Ballaststoffe	0,2 g
Cholesterin	8 mg
Kalzium	70 mg
Vitamin A	0,077 mg
Vitamin E	0,1 mg
Vitamin C	6 mg
Purin	1 mg

Knoblauchtopfen

1. Zwiebel, Salatgurke und Stangensellerie feinwürfelig schneiden
2. Knoblauchzehen fein hacken
3. Topfen glatt rühren und mit den Zutaten vermischen und pikant abschmecken

Tipps:

Es sieht sehr dekorativ aus, wenn man den Topfen in halbierte rote Paprikaschoten füllt.

Mit etwas Jogurt vermischt eignet sich dieser Aufstrich auch als sehr guter Rohkost-Dip.

10 Portionen

1/2 Zwiebel

150 g Salatgurke

100 g Stangensellerie

2 Knoblauchzehen

250 g Topfen (Quark) 20 % F. i. T.

2 EL gemischte Kräuter, fein gehackt

Salz, Pfeffer

Nährwerte pro Portion:	
Energie	30 kcal / 127 kJ
Eiweiß	3,1 g
Fett	1,1 g
Kohlenhydrate	1,6 g
Broteinheiten	0,15
Ballaststoffe	0,5 g
Cholesterin	4 mg
Kalzium	44 mg
Vitamin A	0,078 mg
Vitamin E	0 mg
Vitamin C	4 mg
Purin	2 mg

Basilikum-Oliven-Aufstrich

5 Portionen

20 g Sesam
etwas Salz
1 Glas Oliven, schwarz (85 g)
125 g Frischkäse 40 % F. i. T.
3 EL Jogurt 3,6 % Fett
1 Knoblauchzehe
2 EL frisches Basilikum, gehackt
Salz, weißer Pfeffer

1. Sesam in einer Pfanne ohne Fettzugabe rösten und anschließend in einem Mörser mit etwas Salz zerreiben
2. Oliven entsteinen und in kleine Stücke schneiden
3. Frischkäse mit Jogurt glatt rühren und mit den restlichen Zutaten vermischen, abschmecken

Nährwerte pro Portion:	
Energie	95 kcal / 394 kJ
Eiweiß	3,9 g
Fett	7,4 g
Kohlenhydrate	2,1 g
Broteinheiten	0,17
Ballaststoffe	0,8 g
Cholesterin	11 mg
Kalzium	97 mg
Vitamin A	0,047 mg
Vitamin E	0,4 mg
Vitamin C	1 mg
Purin	3 mg

Oliven-Aufstrich

4 Portionen

2 Gläser Oliven, schwarz (85 g)
1 Sardellenfilet oder -ringerl
2 Kapern
1 Salbeiblatt
4 Knoblauchzehen
Salz, Pfeffer
Thymian
Rosmarin, gemahlen
1 KL Zitronensaft
1/2 EL Olivenöl

1. Oliven entkernen, Sardellenfilet fein hacken
2. Oliven, Kapern, Sardellenfilet, Salbeiblatt und 2 Knoblauchzehen fein pürieren
3. Mit Salz, Pfeffer, Thymian, Rosmarin und Zitronensaft würzen
4. Die restlichen Knoblauchzehen in dünne Scheiben schneiden und in einer beschichteten Pfanne in Öl hellbraun anrösten
5. Knoblauchscheiben auf Küchenkrepp gut abtropfen lassen

Serviervorschlag:

Baguette in Scheiben schneiden, toasten und mit der Olivenmasse bestreichen. Mit den Knoblauchscheiben und kleinen Thymianzweigen garnieren.

Tipp:

Das Entkernen von Oliven gelingt am schnellsten mit einem Kirschentkerner.

Nährwerte pro Portion:	
Energie	85 kcal / 358 kJ
Eiweiß	1 g
Fett	7,3 g
Kohlenhydrate	2,6 g
Broteinheiten	0,21
Ballaststoffe	0,8 g
Cholesterin	0 mg
Kalzium	44 mg
Vitamin A	0,003 mg
Vitamin E	0,4 mg
Vitamin C	1 mg
Purin	7 mg

Kürbiskern-Aufstrich

8 Portionen

120 g Kürbiskerne

250 g Magertopfen (-quark)

2 EL Sauerrahm (saure Sahne)

1/2 EL Kürbiskernöl

1 Knoblauchzehe

Salz, Pfeffer

1. Kürbiskerne in einer beschichteten Pfanne anrösten
2. Auskühlen lassen
3. Topfen und restliche Zutaten mit dem Pürierstab vermischen, würzen

Tipp:

Passt gut zu allen dunklen Brotsorten und zu Kürbiskernweckerln.

Nährwerte pro Portion:	
Energie	133 kcal / 560 kJ
Eiweiß	8,7 g
Fett	8,9 g
Kohlenhydrate	3,1 g
Broteinheiten	0,27
Ballaststoffe	0,9 g
Cholesterin	3 mg
Kalzium	49 mg
Vitamin A	0,011 mg
Vitamin E	0,6 mg
Vitamin C	0 mg
Purin	8 mg

Frischkäse mit Sonnenblumenkernen

5 Portionen

30 g Sonnenblumenkerne
1 TL Sonnenblumenöl
200 g Frischkäse 40 % F. i. T.
2 EL gemischte Kräuter, fein gehackt
1 Knoblauchzehe, fein gehackt
Salz
Pfeffer aus der Mühle
1 Prise Chiligewürz

1. Sonnenblumenkerne in wenig Öl vorsichtig rösten, bis sie duften
2. Auskühlen lassen, grob hacken
3. Frischkäse mit Kräutern, Knoblauch und Gewürzen abschmecken
4. Die Sonnenblumenkerne darunter mischen

Variationen:

Auch geröstete Kürbiskerne, Pinienkerne oder Walnüsse eignen sich für diesen Aufstrich sehr gut.

Nährwerte pro Portion:	
Energie	107 kcal / 449 kJ
Eiweiß	5,5 g
Fett	8,3 g
Kohlenhydrate	2 g
Broteinheiten	0,16
Ballaststoffe	0,5 g
Cholesterin	16 mg
Kalzium	55 mg
Vitamin A	0,071 mg
Vitamin E	0,9 mg
Vitamin C	3 mg
Purin	5 mg

Erdnuss-Aufstrich

5 Portionen

250 g Erdnüsse
1 EL Erdnussöl
Salz

1. Erdnüsse (ohne braune Haut) kurz trocken rösten
2. Überkühlen lassen
3. Mit einem Mixstab fein zerkleinern und mit dem Öl verrühren und salzen

Tipp:

Gut geeignet für Grahamweckerln.

Nährwerte pro Portion:	
Energie	308 kcal / 1.286 kJ
Eiweiß	12,8 g
Fett	26,7 g
Kohlenhydrate	4,8 g
Broteinheiten	0,40
Ballaststoffe	5,7 g
Cholesterin	0 mg
Kalzium	32 mg
Vitamin A	0 mg
Vitamin E	4,6 mg
Vitamin C	0 mg
Purin	12 mg

Ei-Aufstrich

8 Portionen

2 Eier
50 g Essiggurken
160 g Magertopfen (-quark)
80 ml Sauerrahm (saure Sahne)
1 KL Senf
Salz, Pfeffer

1. Eier kochen und anschließend mit kaltem Wasser abschrecken
2. Essiggurken in kleine Würfel schneiden
3. Topfen mit Sauerrahm, Senf und Gewürzen gut verrühren
4. Eier schälen und fein hacken
5. Mit den Essiggurken unter die Topfenmasse mischen und abschmecken

Nährwerte pro Portion:	
Energie	62 kcal / 262 kJ
Eiweiß	5 g
Fett	3,7 g
Kohlenhydrate	1,4 g
Broteinheiten	0,12
Ballaststoffe	0,1 g
Cholesterin	67 mg
Kalzium	45 mg
Vitamin A	0,055 mg
Vitamin E	0,3 mg
Vitamin C	1 mg
Purin	2 mg

Bohnen-Aufstrich

8 Portionen

1. Kartoffeln schälen, würfelig schneiden
2. In Salzwasser weich kochen
3. Bohnen in einem Sieb gut abspülen und abtropfen lassen
4. Die Hälfte der Bohnen grob zerdrücken
5. Kartoffeln durch die Kartoffelpresse drücken oder mit einer Gabel zerdrücken, mit Butter und Sauerrahm verrühren
6. Die restlichen Zutaten dazugeben, gut durchrühren und abschmecken

200 g Kartoffeln

200 g Bohnen, weiß

1 EL Butter

2 EL Sauerrahm (saure Sahne)

Salz, Muskatnuss

1 KL Senf

1 EL Kren (Meerrettich), gerieben

1 EL Petersilie, fein gehackt

Serviervorschlag:

Sehr gut schmeckt dieser Aufstrich zu kleinen gebratenen Bratwürsteln und Schwarzbrot.

Nährwerte pro Portion:	
Energie	61 kcal / 260 kJ
Eiweiß	2,1 g
Fett	2,6 g
Kohlenhydrate	7 g
Broteinheiten	0,60
Ballaststoffe	1,7 g
Cholesterin	8 mg
Kalzium	19 mg
Vitamin A	0,042 mg
Vitamin E	0,1 mg
Vitamin C	6 mg
Purin	6 mg

Sprossen-Aufstrich mit Curry

12 Portionen

250 Topfen (Quark) 40 %
2 EL Currypulver
1 TL Sojasoße
100 g Äpfel
200 g Sojasprossen
Salz
Cayennepfeffer
1/16 l Orangensaft

1. Topfen mit Currypulver und Sojasoße glatt rühren
2. Äpfel in kleine Würfel schneiden
3. Sojasprossen zerkleinern
4. Apfelwürfel und Sojasprossen zum Topfen geben, würzen und mit dem Orangensaft cremig rühren
5. Aufstrich ca. 1 – 2 Stunden im Kühlschrank durchziehen lassen

Serviervorschlag:

Vollkorntoastbrotscheiben mit Salatblättern belegen und mit dem Aufstrich bestreichen oder als Fülle für Puten-Schinken-Rollen verwenden.

Nährwerte pro Portion:	
Energie	44 kcal / 183 kJ
Eiweiß	2,8 g
Fett	2,4 g
Kohlenhydrate	2,5 g
Broteinheiten	0,21
Ballaststoffe	0,7 g
Cholesterin	7 mg
Kalzium	30 mg
Vitamin A	0,027 mg
Vitamin E	0,1 mg
Vitamin C	4 mg
Purin	1 mg

Azukibohnen-Aufstrich mit Kräutern

6 Portionen

100 g Azukibohnen
1/2 TL Bohnenkraut
1 Bund Jungzwiebeln
1 Knoblauchzehe
1 EL Olivenöl
1 TL Senfkörner
Majoran
Kräuter der Provence
Salz
1 TL Sojasoße

Garnitur:

Zitronenscheibe, grüne Zwiebelringe

Nährwerte pro Portion:	
Energie	47 kcal / 190 kJ
Eiweiß	1,8 g
Fett	2,5 g
Kohlenhydrate	3,9 g
Broteinheiten	0,33
Ballaststoffe	1,2 g
Cholesterin	0 mg
Kalzium	20 mg
Vitamin A	0 mg
Vitamin E	0,2 mg
Vitamin C	2 mg
Purin	4 mg

1. Die Azukibohnen über Nacht einweichen
2. Abschwemmen, mit frischem Wasser und Bohnenkraut gut weich kochen
3. Abgießen, gut abtropfen lassen
4. Die Jungzwiebeln in Ringe schneiden, Knoblauch pressen
5. Das Olivenöl erhitzen, die Senfkörner darin anrösten, bis sie platzen
6. Jungzwiebeln, Knoblauch, Majoran und Kräuter beigeben, dünsten, bis die Zwiebeln weich sind
7. Auskühlen lassen
8. Bohnen und die Zwiebeln vermischen, fein pürieren
9. Mit Salz und Sojasoße abschmecken
10. Mit einer dünnen Zitronenscheibe und grünen Zwiebelringen garnieren

Tipp:

Dazu passt getoastetes Brot.

Hinweis:

Die Azukibohne ist eine kleine, rote Bohne mit einem süßlichen Geschmack. Sie wird aus Brasilien oder Japan importiert.

Pikanter Aufstrich von roten Linsen

1. Die Linsen waschen, mit den Knoblauchzehen weich kochen
2. Abgießen, gut abtropfen lassen
3. Zwiebel fein hacken, in Öl andünsten, Ingwer fein hacken, beigeben, kurz mitdünsten
4. Linsen und Zwiebel vermischen, fein pürieren
5. Mit den Gewürzen und Zitronensaft abschmecken

Tipp:

Rote Linsen müssen nicht eingeweicht werden, sie haben auch eine kürzere Garzeit als braune Linsen.

5 Portionen

150 g rote Linsen
2 Knoblauchzehen
1 Zwiebel
2 EL Olivenöl
10 g Ingwer, frisch
1 Prise Kurkuma
Salz, Pfeffer
1 TL Zitronensaft

Garnitur:

Kerbel oder Petersilie

Nährwerte pro Portion:	
Energie	144 kcal / 602 kJ
Eiweiß	7,4 g
Fett	4,5 g
Kohlenhydrate	17,5 g
Broteinheiten	1,46
Ballaststoffe	3,6 g
Cholesterin	0 mg
Kalzium	30 mg
Vitamin A	0,007 mg
Vitamin E	0,8 mg
Vitamin C	1 mg
Purin	22 mg

Kichererbsen-Aufstrich

4 Portionen

200 g Kichererbsen
2 Lorbeerblätter
3 EL Olivenöl
1 Knoblauchzehe, gehackt
1 TL Zitronensaft
Salz, Pfeffer
etwas Sojasoße

1. Die Kichererbsen über Nacht in Wasser einweichen
2. In frischem Wasser mit Lorbeerblättern gut weich kochen (ca. 1 Stunde)
3. Abgießen, etwas Kochwasser aufheben
4. Mit Öl, Knoblauch, Zitronensaft und Salz pürieren
5. Wenn die Masse zu dick ist, mit dem Kochwasser verdünnen
6. Mit Pfeffer und Sojasoße abschmecken

Nährwerte pro Portion:	
Energie	147 kcal / 619 kJ
Eiweiß	3,9 g
Fett	9,4 g
Kohlenhydrate	11,2 g
Broteinheiten	0,93
Ballaststoffe	2,5 g
Cholesterin	0 mg
Kalzium	29 mg
Vitamin A	0,061 mg
Vitamin E	2,4 mg
Vitamin C	13 mg
Purin	25 mg

Linsen-Aufstrich

12 Portionen

150 g Linsen
300 ml Wasser
1 Lorbeerblatt
je 1 Msp. Thymian
Majoran
---
50 g Schalotten
60 g Butter
2 Knoblauchzehen
je 1 Msp. Piment, Koriander
Kräutersalz
Pfeffer
1 KL Miso

1. Linsen mit doppelter Menge Wasser über Nacht einweichen (mind. 1/2 Tag)
2. Linsen abgießen, mit 3/8 l Wasser und den Gewürzen weich kochen
3. Schalotten kleinwürfelig schneiden und in der Butter goldgelb anrösten, gehackten Knoblauch beifügen
4. Kochsud der Linsen abseihen, zu den Schalotten geben und bis auf ca. 3 Esslöffel einreduzieren lassen
5. 4 Esslöffel der Linsen beiseite geben
6. Restliche Linsen mit den Gewürzen und der Zwiebelmischung im Cutter oder mit einem Mixstab pürieren
7. Die ganzen Linsen darunter mischen und abschmecken

Nährwerte pro Portion:	
Energie	80 kcal / 336 kJ
Eiweiß	3,1 g
Fett	4,3 g
Kohlenhydrate	6,8 g
Broteinheiten	0,57
Ballaststoffe	1,4 g
Cholesterin	12 mg
Kalzium	12 mg
Vitamin A	0,036 mg
Vitamin E	0,3 mg
Vitamin C	0 mg
Purin	9 mg

Hinweis:

Der Linsenaufstrich ist in Geschmack und Aussehen einem Leberaufstrich sehr ähnlich.

Champignon-Buchweizen-Aufstrich

1. Zwiebeln fein hacken
2. Champignons waschen, putzen, fein hacken
3. Wasser mit Gemüsesuppenwürze aufkochen
4. Buchweizenkörner heiß abspülen, im Gemüsesud ca. 5 Minuten kochen, Pilze und Zwiebeln beigeben, kochen lassen, bis die Flüssigkeit verdunstet ist
5. Von der Herdplatte nehmen, auskühlen und nachquellen lassen
6. Margarine flaumig rühren, die Buchweizenmasse einrühren, pikant würzen
7. Mit Schnittlauch garnieren

14 Portionen

150 g Zwiebeln
200 g Champignons
1/4 l Wasser
1 Würfel Gemüsebrühe
120 g Buchweizenkörner
100 g Halbfett-margarine
1 Knoblauchzehe, fein gehackt
Salz, Pfeffer

Garnitur:

3 EL Schnittlauch

Nährwerte pro Portion:	
Energie	61 kcal / 259 kJ
Eiweiß	1,3 g
Fett	3 g
Kohlenhydrate	7,2 g
Broteinheiten	0,59
Ballaststoffe	1 g
Cholesterin	0 mg
Kalzium	8 mg
Vitamin A	0,047 mg
Vitamin E	0,5 mg
Vitamin C	3 mg
Purin	9 mg

Aufstriche mit Getreide

Liebstöckel-Grünkern-Aufstrich

10 Portionen

50 g Zwiebel
1 EL Distelöl
3/8 l Gemüsefond (-brühe)
1/2 Lorbeerblatt
Thymian
1 Knoblauchzehe
120 g Grünkern, geschrotet
---
3 EL Sonnenblumenöl
2 KL Senf
3 EL Wasser
1 TL Majoran
Kräutersalz, Pfeffer
1 EL Liebstöckel

Nährwerte pro Portion:	
Energie	89 kcal / 374 kJ
Eiweiß	1,7 g
Fett	5 g
Kohlenhydrate	8,4 g
Broteinheiten	0,70
Ballaststoffe	1,5 g
Cholesterin	0 mg
Kalzium	18 mg
Vitamin A	0,022 mg
Vitamin E	2,6mg
Vitamin C	2 mg
Purin	10 mg

1. Zwiebel kleinwürfelig schneiden und goldgelb anrösten, mit Gemüsefond aufgießen, mit Lorbeerblatt, Thymian und zerdrücktem Knoblauch würzen
2. Geschroteten Grünkern einrühren, und unter öfterem Umrühren ca. 15 Minuten zugedeckt dünsten lassen
3. Vom Herd nehmen, zugedeckt noch 5 Minuten nachquellen und überkühlen lassen
4. Die restlichen Zutaten (außer Liebstöckel) im Mixglas aufschlagen und unter die Grünkernmasse rühren
5. Liebstöckel fein hacken und unter den Aufstrich mischen

Hirse-Aufstrich

1. Hirse in der Gemüsebrühe aufkochen
2. Ziehen lassen (10 Minuten)
3. Quellen lassen (20 Minuten – bei abgeschalteter Herdplatte)
4. Tomaten und Zwiebel in kleine Würfel schneiden
5. Sauerkraut und Kräuter hacken
6. Alle Zutaten gut verrühren
7. Mit Salz und Kren abschmecken

4 Portionen

50 g Hirse

1/8 l Gemüsefond (-brühe)

100 g Tomaten

50 g Zwiebel

40 g Sauerkraut

10 g frische Kräuter, gemischt

Petersilie, Schnittlauch

100 g Gervais

Salz, Kren (Meerrettich)

Nährwerte pro Portion:	
Energie	72 kcal / 302 kJ
Eiweiß	1,9 g
Fett	4,5 g
Kohlenhydrate	5,2 g
Broteinheiten	0,44
Ballaststoffe	1,4 g
Cholesterin	13 mg
Kalzium	22 mg
Vitamin A	0,078 mg
Vitamin E	0,4 mg
Vitamin C	7 mg
Purin	5 mg

Haferflocken-Aufstrich

10 Portionen

150 ml Gemüsefond (-suppe)
60 g Haferflocken
100 g Zwiebeln
1 EL Schnittlauch, frisch
250 g Magertopfen (-quark)
1 Knoblauchzehe
Salz, Pfeffer

1. Gemüsesuppe bereiten
2. Haferflocken darin quellen lassen
3. Zwiebeln fein hacken, Schnittlauch schneiden
4. Topfen mit den Gewürzen schaumig rühren, restliche Zutaten einrühren

Nährwerte pro Portion:	
Energie	49 kcal / 205 kJ
Eiweiß	4,4 g
Fett	0,7 g
Kohlenhydrate	5,6 g
Broteinheiten	0,47
Ballaststoffe	0,9 g
Cholesterin	0 mg
Kalzium	39 mg
Vitamin A	0,014 mg
Vitamin E	0,3 mg
Vitamin C	2 mg
Purin	7 mg

Grünkern-Aufstrich

10 Portionen

200 ml Gemüsefond (-brühe)
100 g Grünkern, geschrotet
1 Zwiebel
1 Knoblauchzehe
1/8 l Sauerrahm (saure Sahne)
1 EL gemischte Kräuter, fein gehackt
Salz, Pfeffer
Senf, Muskat
einige Tropfen Zitronensaft

1. Gemüsefond herstellen, aufkochen
2. Grünkernschrot in die Suppe einrühren
3. Vom Herd nehmen – nachquellen lassen, bis die Masse kalt ist
4. Zwiebel und Knoblauchzehe sehr fein hacken
5. Die Grünkernmasse mit Sauerrahm, Kräutern und Gewürzen vermischen
6. Gut abschmecken

Tipp:

Statt Sauerrahm kann auch Frischkäse oder Ricotta verwendet werden.

Nährwerte pro Portion:	
Energie	68 kcal / 283 kJ
Eiweiß	1,7 g
Fett	3 g
Kohlenhydrate	7,5 g
Broteinheiten	0,63
Ballaststoffe	1,2 g
Cholesterin	8 mg
Kalzium	23 mg
Vitamin A	0,047 mg
Vitamin E	0,5 mg
Vitamin C	3 mg
Purin	8 mg

Dinkel-Aufstrich

1. Milch aufkochen, Mehl beigeben und rühren, bis sich die Masse vom Gefäß löst
2. Auskühlen lassen
3. Butter flaumig rühren, Topfen und Dinkelmasse einrühren
4. Mit Salz und Pfeffer würzen
5. Mit Kräutern der Saison abschmecken und garnieren

8 Portionen

1/8 l Milch

125 g Dinkelvollmehl

50 g Butter

125g Magertopfen (-quark)

Salz

Pfeffer aus der Mühle

2 EL Kräuter, gemischt

Tipp:

Frischer Bärlauch eignet sich besonders gut dafür.

Nährwerte pro Portion:	
Energie	118 kcal / 496 kJ
Eiweiß	4,5 g
Fett	6,1 g
Kohlenhydrate	10,7 g
Broteinheiten	0,89
Ballaststoffe	1,6 g
Cholesterin	17 mg
Kalzium	46 mg
Vitamin A	0,062 mg
Vitamin E	0,4 mg
Vitamin C	2 mg
Purin	5 mg

Aufstriche mit Tofu

Tofu-Champignon-Aufstrich

10 Portionen

150 g Champignons
80 g Zwiebeln, rot
1/2 EL Butter
1 Paprika, gelb
Thymian, frisch – nach Geschmack
200 g Tofu, natur
3 EL Sauerrahm (saure Sahne)
2 Knoblauchzehen, fein gehackt
Salz, Pfeffer

1. Champignons und Zwiebeln kleinwürfelig schneiden
2. In Butter kurz anschwitzen, in einem Sieb gut abtropfen und auskühlen lassen
3. Paprika kleinwürfelig schneiden
4. In etwas Salzwasser kurz überkochen, abschrecken und abtropfen lassen
5. Thymian fein hacken
6. Tofu trockentupfen und in Würfel schneiden, mit einer Gabel gut zerdrücken und mit Sauerrahm gut verrühren
7. Mit den restlichen Zutaten gut vermischen und würzen

Nährwerte pro Portion:	
Energie	49 kcal / 206 kJ
Eiweiß	2,9 g
Fett	2,5 g
Kohlenhydrate	3,4 g
Broteinheiten	0,29
Ballaststoffe	1,9 g
Cholesterin	4 mg
Kalzium	42 mg
Vitamin A	0,056 mg
Vitamin E	0,9 mg
Vitamin C	46 mg
Purin	12 mg

Dekorationsvorschlag:

Sonnenblumenkernweckerln oder Vollkornbaguette in Scheiben schneiden mit Radicchioblättern belegen und mit Tofumasse bestreichen. Mit Kresse dekorieren.

Tofu-Aufstrich mit Wurzelgemüse

10 Portionen

200 g Tofu, natur
2 EL Olivenöl
20 g Schalotten
etwas geriebener Ingwer
1/2 Bund Schnittlauch
100 g Karotten
50 g Sellerie
1 EL Zitronensaft
1 Knoblauchzehe, fein gehackt
Kräutersalz, Pfeffer

1. Tofu trockentupfen, mit einer Gabel zerdrücken
2. Anschließend mit dem Mixer cremig rühren, Öl langsam einrühren
3. Schalotten kleinwürfelig schneiden, etwas Ingwer reiben und zur Masse geben
4. Schnittlauch fein schneiden
5. Karotten und Sellerie fein raspeln und mit dem Zitronensaft verrühren
6. Alle Zutaten mit der Aufstrichbasis verrühren und abschmecken

Nährwerte pro Portion:	
Energie	42 kcal / 173 kJ
Eiweiß	2,1 g
Fett	2,9 g
Kohlenhydrate	1,5 g
Broteinheiten	0,14
Ballaststoffe	0,6 g
Cholesterin	0 mg
Kalzium	36 mg
Vitamin A	0,185 mg
Vitamin E	0,4 mg
Vitamin C	3 mg
Purin	5 mg

Tofu-Aufstrich mit Sesam und Jungzwiebeln

6 Portionen

40 g Sesam
200 g Tofu, natur
1 EL Olivenöl
50 g Jungzwiebeln
etwas geriebener Ingwer
10 g Schalotten
1/2 Knoblauchzehe, fein gehackt
Kräutersalz, Pfeffer

1. Sesam in einer beschichteten Pfanne unter Rühren langsam erhitzen – bis die Körner zu „springen" beginnen
2. Überkühlen lassen
3. Tofu trockentupfen, mit einer Gabel zerdrücken
4. Anschließend mit dem Mixer cremig rühren, Öl langsam einrühren
5. Jungzwiebeln der Länge nach halbieren und in Streifen schneiden
6. Sesam im Mixglas oder mit dem Mixstab kurz pürieren
7. Alle Zutaten verrühren und abschmecken

Nährwerte pro Portion:	
Energie	88 kcal / 366 kJ
Eiweiß	4,2 g
Fett	6,9 g
Kohlenhydrate	1,5 g
Broteinheiten	0,13
Ballaststoffe	1,2 g
Cholesterin	0 mg
Kalzium	114 mg
Vitamin A	0,001 mg
Vitamin E	0,7 mg
Vitamin C	1 mg
Purin	9 mg

Tofu-Aufstrich mit Kapern und Kräutern

1. Tofu trockentupfen, mit einer Gabel zerdrücken
2. Anschließend mit dem Mixer cremig rühren, Öl und Senf langsam einrühren
3. Schalotten kleinwürfelig schneiden, etwas Ingwer reiben und zur Masse geben
4. Mandeln in einer Pfanne ohne Öl leicht anrösten, überkühlen lassen und fein reiben
5. Mandeln, Kapern, Petersilie und Knoblauch zur Aufstrichbasis geben, gut verrühren und abschmecken

5 Portionen

200 g Tofu, natur
2 EL Olivenöl
2 KL Senf
20 g Schalotten
etwas geriebener Ingwer
20 g Mandeln
1 EL Kapern, fein gehackt
1 EL Petersilie, fein gehackt
1 Knoblauchzehe, fein gehackt
Kräutersalz, Pfeffer

Nährwerte pro Portion:	
Energie	105 kcal / 440 kJ
Eiweiß	4,3 g
Fett	8,4 g
Kohlenhydrate	2,4 g
Broteinheiten	0,22
Ballaststoffe	1,1 g
Cholesterin	0 mg
Kalzium	83 mg
Vitamin A	0,020 mg
Vitamin E	1,7 mg
Vitamin C	1 mg
Purin	7 mg

Tofu-Karotten-Aufstrich

8 Portionen

200 g Karotten
1 EL geriebene Haselnüsse
1 EL Butter
200 g Tofu, natur
Salz
Pfeffer aus der Mühle
1 TL Zitronensaft

1. Karotten schälen, fein reiben
2. Karotten und Haselnüsse in Butter weich dünsten
3. Den Tofu passieren, mit den Karotten vermischen
4. Mit Salz, frisch gemahlenem Pfeffer und Zitronensaft abschmecken

Tipp:

Statt Butter kann auch Haselnuss- oder Walnussöl verwendet werden.

Nährwerte pro Portion:	
Energie	49 kcal / 203 kJ
Eiweiß	2,4 g
Fett	3,6 g
Kohlenhydrate	1,5 g
Broteinheiten	0,13
Ballaststoffe	0,9 g
Cholesterin	5 mg
Kalzium	43 mg
Vitamin A	0,390 mg
Vitamin E	0,6 mg
Vitamin C	2 mg
Purin	5 mg

Tofu-Knoblauch-Aufstrich auf getoastetem Vollkornbrot

6 Portionen à 2 Stück

125 g Tofu, natur
30 g Schalotten
60 g Essiggurken
4 Kapern
100 g Hüttenkäse (Cottage Cheese)
1 EL Sauerrahm (saure Sahne)
Salz, Pfeffer

---

3 Knoblauchzehen
1 EL Petersilie, fein gehackt
2 EL Olivenöl
6 Scheiben Vollkornbrot

1. Tofu mit einer Gabel fein zerdrücken
2. Schalotten sehr fein hacken
3. Essiggurken und Kapern fein hacken
4. Diese Zutaten mit dem Hüttenkäse und dem Sauerrahm locker mischen, mit Salz und Pfeffer würzen

---

5. Knoblauchzehen sehr fein hacken
6. Knoblauch, Petersilie und Öl vermischen, auf die Brote streichen
7. Die Brote im heißen Rohr ca. 5 Minuten überbacken oder kurz grillen
8. Herausnehmen, diagonal durchschneiden, den Aufstrich darauf verteilen
9. Möglichst rasch servieren

Nährwerte pro Portion:	
Energie	166 kcal / 700 kJ
Eiweiß	7,8 g
Fett	5,8 g
Kohlenhydrate	20,1 g
Broteinheiten	1,68
Ballaststoffe	3,1 g
Cholesterin	4 mg
Kalzium	77 mg
Vitamin A	0,035 mg
Vitamin E	1 mg
Vitamin C	2 mg
Purin	15 mg

Tofu-Kren-Aufstrich

1. Topfen und Sauerrahm glatt rühren
2. Kren schälen, fein reiben, sofort beigeben (damit er nicht grau wird)
3. Mit Knoblauch, Pfeffer und Senf würzen, gehackte Kräuter beigeben
4. Tofu in kleine Würfel schneiden, untermengen

Hinweis:

Geräucherter Tofu ist sehr würzig, daher kann bei diesem Aufstrich auf Salz verzichtet werden.

8 Portionen

250 g Magertopfen (-quark)

2 EL Sauerrahm (saure Sahne)

2 EL frisch geriebener Kren (Meerrettich)

1 Knoblauchzehe, fein gehackt

Pfeffer

1 KL Senf

1 EL Petersilie

oder frische Frühlingskräuter

50 g Tofu, geräuchert

Nährwerte pro Portion:	
Energie	39 kcal / 166 kJ
Eiweiß	5,1 g
Fett	1,2 g
Kohlenhydrate	1,7 g
Broteinheiten	0,15
Ballaststoffe	0,2 g
Cholesterin	3 mg
Kalzium	56 mg
Vitamin A	0,025 mg
Vitamin E	0 mg
Vitamin C	3 mg
Purin	1 mg

Aufstriche mit Käse

Österkron-Mandel-Konfekt

10 Portionen

100 g Mandeln
200 g Österkron (Blauschimmelkäse)
60 g Topfen (Quark) 20 % F. i. T.
1 KL Zitronensaft
Pfeffer

Zum Wälzen:

1/2 Bund Schnittlauch, fein geschnitten

Nährwerte pro Portion:	
Energie	142 kcal / 589 kJ
Eiweiß	6,8 g
Fett	11,7 g
Kohlenhydrate	1,4 g
Broteinheiten	0,13
Ballaststoffe	1,5 g
Cholesterin	19 mg
Kalzium	142 mg
Vitamin A	0,071 mg
Vitamin E	2,7 mg
Vitamin C	1 mg
Purin	1 mg

1. Mandeln anrösten, überkühlen lassen und reiben
2. Blauschimmelkäse durch die Kartoffelpresse drücken
3. Mit den restlichen Zutaten vermischen und würzen
4. Aus der Masse kleine Kugeln formen, in Schnittlauch oder geriebenen Nüssen oder Sesam wälzen und in Papiermanschetten setzen

Tipp:

Soll die Masse als Aufstrich verwendet werden ca. 2 Esslöffel Milch oder Sauerrahm (saure Sahne) dazugeben. Statt Mandeln können auch Wal- oder Haselnüsse verwendet werden.

Käsecreme mit Pinienkernen

1. Pinienkerne ohne Fett leicht rösten, überkühlen lassen und grob hacken
2. Pfefferkörner hacken
3. Blauschimmelkäse durch eine Kartoffelpresse drücken
4. Frischkäse mit dem Blauschimmelkäse glatt rühren und eventuell etwas Milch dazugeben, bis eine geschmeidige Masse entsteht
5. Alle Zutaten vermischen und abschmecken

Tipp:

Diese Creme eignet sich sehr gut zum Füllen von Datteln oder für Cracker.

Die Creme mit dem Spritzsack in die entsteinten Datteln oder auf die Cracker dressieren. Mit Pinienkernen und Krauspetersilie garnieren.

5 Portionen

20 g Pinienkerne (Pignolien)

2 KL grüner Pfeffer, eingelegt

100 g Österkron (Blauschimmelkäse)

100 g Frischkäse 30 % F. i. T.

4 cl Magermilch

1 EL Petersilie, gehackt

Garnitur:

Geröstete Pinienkerne und Krauspetersilie

Nährwerte pro Portion:	
Energie	126 kcal / 526 kJ
Eiweiß	7,9 g
Fett	9,2 g
Kohlenhydrate	2,3 g
Broteinheiten	0,19
Ballaststoffe	0,1 g
Cholesterin	22 mg
Kalzium	148 mg
Vitamin A	0,084 mg
Vitamin E	0,4 mg
Vitamin C	1 mg
Purin	3 mg

Roquefort-Aufstrich mit Basilikum

4 Portionen

50 g Roquefort
150 g Topfen (Quark) 20 % F. i. T.
1/2 Bund Basilikum
Pfeffer aus der Mühle

1. Roquefort fein zerdrücken
2. Topfen, Käse und fein gehacktes Basilikum verrühren und mit frisch gemahlenem Pfeffer abschmecken

Serviervorschlag:

Aufstrich in Blätterteigpastetchen oder kleine Mürbteigtörtchen dressieren.

Nährwerte pro Portion:	
Energie	92 kcal / 389 kJ
Eiweiß	5,9 g
Fett	6,6 g
Kohlenhydrate	1,7 g
Broteinheiten	0,13
Ballaststoffe	0 g
Cholesterin	20 mg
Kalzium	89 mg
Vitamin A	0,098 mg
Vitamin E	0,1 mg
Vitamin C	0 mg
Purin	1 mg

Käse-Birnen-Aufstrich

10 Portionen

1 Birne
1/2 EL Zitronensaft
50 g Edamer
30 g Walnüsse
150 g Roquefort
150 g Magertopfen (-quark)
1 TL Portwein
Salz, Pfeffer

1. Birne kleinwürfelig schneiden, mit Zitronensaft marinieren
2. Edamer fein reiben, Walnüsse grob hacken
3. Roquefort durch die Kartoffelpresse drücken oder mit einer Gabel gut zerdrücken
4. Alle Zutaten vermischen und würzen

Tipp:

Statt der Birne kann auch ein Apfel verwendet werden. Es kann auch jeder andere Blauschimmelkäse dazu verwendet werden.

Nährwerte pro Portion:	
Energie	111 kcal / 461 kJ
Eiweiß	5,8 g
Fett	8,4 g
Kohlenhydrate	1,5 g
Broteinheiten	0,13
Ballaststoffe	0,2 g
Cholesterin	18 mg
Kalzium	106 mg
Vitamin A	0,094 mg
Vitamin E	0,3 mg
Vitamin C	0 mg
Purin	1 mg

Gorgonzola-Radieschen-Tartar auf Vollkorntoast

1. Käse in kleine Würfel schneiden
2. Radieschen kleinwürfelig schneiden
3. Schnittlauch fein schneiden
4. Käse, Radieschen, Schnittlauch, Sonnenblumenkerne und Sauerrahm vermischen, mit Pfeffer und etwas Essig abschmecken
5. Die Brotscheiben toasten, dünn mit Butter bestreichen, diagonal halbieren
6. Mit Salatblättern belegen
7. Das Käsetartar darauf verteilen
8. Mit Radieschenscheiben und Kräutern garnieren

6 Portionen à 2 Stück

150 g Gorgonzola

1 Bund Radieschen

1 Bund Schnittlauch

1 EL Sonnenblumenkerne

2 EL Sauerrahm (saure Sahne)

Pfeffer, weiß

1/2 EL Weißweinessig

--

6 Scheiben Vollkorntoastbrot

20 g Butter

6 Blätter Häuptelsalat

Garnitur:

Radieschen, frische Kräuter

Nährwerte pro Portion:	
Energie	208 kcal / 873 kJ
Eiweiß	6,3 g
Fett	14,7 g
Kohlenhydrate	11,1 g
Broteinheiten	0,91
Ballaststoffe	1,5 g
Cholesterin	37 mg
Kalzium	106 mg
Vitamin A	0,232 mg
Vitamin E	0,8 mg
Vitamin C	9 mg
Purin	8 mg

Paprikaschote mit Käsefülle auf Vollkornbrot

4 Portionen

1 Paprika, grün
1 EL Margarine
40 g Frischkäse 30 % F. i. T.
40 g Roquefort
Salz, Pfeffer, weiß
---
4 Scheiben Vollkornbrot

Garnitur:

blaue Weintrauben, Schnittlauchröllchen

1. Die Paprikaschote am Stielansatz abschneiden, Kerne auslösen
2. Margarine flaumig rühren, Frischkäse und Roquefort beigeben, zu einer glatten Masse rühren
3. Mit Salz und Pfeffer abschmecken
4. Fest in die Paprikaschote eindrücken, es dürfen keine Hohlräume bleiben
5. In Folie wickeln, gut durchkühlen lassen
6. Vor dem Servieren mit einem scharfen Messer in 1 cm dicke Scheiben schneiden
7. Auf die Brotscheiben setzen, mit Weintrauben und Schnittlauchröllchen garnieren

Nährwerte pro Portion:	
Energie	171 kcal / 719 kJ
Eiweiß	6,2 g
Fett	7,5 g
Kohlenhydrate	19,1 g
Broteinheiten	1,59
Ballaststoffe	3,4 g
Cholesterin	13 mg
Kalzium	59 mg
Vitamin A	0,095 mg
Vitamin E	1,4 mg
Vitamin C	53 mg
Purin	11 mg

Tipps:

Falls die Fülle zu weich ist, die Paprikaschote vor dem Aufschneiden kurz ins Tiefkühlfach legen.

Eignet sich sehr gut im Ganzen als Dekoration für kalte Platten (siehe Foto).

Emmentaler-Aufstrich

8 Portionen

150 g Emmentaler (45 % F. i. T.)

1 EL Petersilie, gehackt

1 EL frischer Schnittlauch, gehackt

250 g Topfen (Quark) 20 % F. i. T.

Salz, Pfeffer

1. Käse fein reiben
2. Kräuter hacken
3. Alle Zutaten mit dem Topfen vermischen und würzen

Dekorationsvorschlag:

Blaue Weintrauben, Walnusshälften oder Krauspetersilie

Nährwerte pro Portion:	
Energie	101 kcal / 425 kJ
Eiweiß	7,6 g
Fett	7,3 g
Kohlenhydrate	1,1 g
Broteinheiten	0,09
Ballaststoffe	0,2 g
Cholesterin	18 mg
Kalzium	182 mg
Vitamin A	0,106 mg
Vitamin E	0,2 mg
Vitamin C	2 mg
Purin	1 mg

Käse-Kräuter-Knöderln

1. Schnittlauch und Petersilie waschen und fein hacken
2. Käse fein reiben
3. Topfen und QimiQ glatt rühren mit 2 Kaffeelöffeln Schnittlauch und der Petersilie vermengen und mit geriebenem Käse vermischen, abschmecken
4. Kleine Knöderln formen und im restlichen Schnittlauch wälzen

4 Portionen

1 Bund Schnittlauch

1/2 Bund Petersilie

40 g Emmentaler (45 % F. i. T.)

100 g Topfen (Quark) 20 % F. i. T.

50 g QimiQ

Salz, Pfeffer

1 Knoblauchzehe

Nährwerte pro Portion:	
Energie	88 kcal / 365 kJ
Eiweiß	5,8 g
Fett	6,2 g
Kohlenhydrate	1,9 g
Broteinheiten	0,16
Ballaststoffe	0,7 g
Cholesterin	18 mg
Kalzium	138 mg
Vitamin A	0,174 mg
Vitamin E	0,4 mg
Vitamin C	8 mg
Purin	2 mg

Ananas-Käse-Aufstrich

10 Portionen

100 g Bergkäse
30 g Walnüsse
120 g Ananas, frisch oder aus der Dose
150 g Frischkäse 30 % F. i. T.
Salz

1. Bergkäse grob raspeln
2. Walnüsse grob hacken
3. Ananas in kleine Würfel schneiden
4. Alle Zutaten vermischen, salzen

Serviervorschlag:

In der Babyananas angerichtet kann der Aufstrich als kalte Vorspeise serviert werden.

Nährwerte pro Portion:	
Energie	82 kcal / 344 kJ
Eiweiß	5 g
Fett	5,8 g
Kohlenhydrate	2,4 g
Broteinheiten	0,20
Ballaststoffe	0,4 g
Cholesterin	10 mg
Kalzium	133 mg
Vitamin A	0,047 mg
Vitamin E	0,3 mg
Vitamin C	2 mg
Purin	1 mg

Liptauer mit Käse

8 Portionen

50 g Emmentaler
250 g Magertopfen (-quark)
70 g Frischkäse 40 % F. i. T.
40 g Zwiebel
1 EL frischer Schnittlauch, fein geschnitten
1 EL Petersilie, fein gehackt
Salz
Pfeffer aus der Mühle
etwas Paprikapulver
1 TL Senf

1. Emmentaler fein reiben
2. Topfen mit Frischkäse glatt rühren
3. Zwiebel fein hacken
4. Alle Zutaten miteinander vermischen
5. Mit Salz, frisch gemahlenem Pfeffer, Paprika und Senf würzen
6. Ca. 30 Minuten durchziehen lassen

Garniervorschlag:

Krauspetersilie, Frühlingszwiebelringe

Tipp:

Für diesen Aufstrich eignet sich auch Schaffrischkäse sehr gut.

Nährwerte pro Portion:	
Energie	61 kcal / 260 kJ
Eiweiß	6,7 g
Fett	3 g
Kohlenhydrate	1,9 g
Broteinheiten	0,15
Ballaststoffe	0,3 g
Cholesterin	8 mg
Kalzium	97 mg
Vitamin A	0,053 mg
Vitamin E	0,1 mg
Vitamin C	2 mg
Purin	0 mg

Camembert-Sesam-Aufstrich

1. Sesam hellbraun anrösten
2. Zwiebel kleinwürfelig schneiden
3. Camembert durch die Kartoffelpresse drücken oder durch den Fleischwolf faschieren
4. Alle Zutaten vermischen, abschmecken

4 Portionen

20 g Sesam

1/2 Zwiebel

100 g Camembert 30 % F. i. T.

2 EL Sauerrahm (saure Sahne)

1 EL Petersilie, gehackt

Salz, Pfeffer

Nährwerte pro Portion:	
Energie	101 kcal / 427 kJ
Eiweiß	7,3 g
Fett	7,3 g
Kohlenhydrate	1,3 g
Broteinheiten	0,10
Ballaststoffe	0,9 g
Cholesterin	14 mg
Kalzium	214 mg
Vitamin A	0,072 mg
Vitamin E	0,3 mg
Vitamin C	2 mg
Purin	3 mg

Camembert-Bier-Aufstrich

8 Portionen

150 g Camembert 30 % F. i. T.

1 EL Butter

100 g Frischkäse 30 % F. i. T.

1 Zwiebel

Salz, Pfeffer

Paprikapulver, scharf

Kümmel

3 EL Bier

1. Camembert mit Butter und Frischkäse gut verrühren (am besten gelingt dies, wenn der Camembert ca. 1 – 2 Stunden vor der Zubereitung aus dem Kühlschrank genommen wird)
2. Zwiebel kleinwürfelig schneiden
3. Zwiebel und die Gewürze zur Käsemasse geben und mit dem Bier cremig rühren
4. Die Masse im Kühlschrank ca. 1 – 2 Stunden durchziehen lassen

Serviervorschlag:

Mit kräftigem Bauernbrot und Radieschen servieren.

Nährwerte pro Portion:	
Energie	76 kcal / 316 kJ
Eiweiß	6 g
Fett	5 g
Kohlenhydrate	1,3 g
Broteinheiten	0,11
Ballaststoffe	0,2 g
Cholesterin	15 mg
Kalzium	133 mg
Vitamin A	0,051 mg
Vitamin E	0,2 mg
Vitamin C	1 mg
Purin	2 mg

Hüttenkäse-Cocktail

1. Tomaten, Paprika, Gurke und Zwiebel kleinwürfelig schneiden
2. Gemüse mit Hüttenkäse vermischen und mit gehackten Kräutern und Gewürzen abschmecken

Serviervorschlag:

Eine Salatgurke waschen, der Länge nach mit der Brotschneidemaschine in dünne Scheiben schneiden. Zu Türmchen aufdrehen und mit Hüttenkäsecocktail füllen und mit Blattsalaten servieren.

12 Portionen

150 g Tomaten

1/2 Paprika, grün

100 g Salatgurke

1/2 Zwiebel

250 g Cottage Cheese (Hüttenkäse)

1 EL frischer Schnittlauch

1 Bund Petersilie, gehackt

Salz, Pfeffer

Senf, Knoblauch

Nährwerte pro Portion:	
Energie	25 kcal / 105 kJ
Eiweiß	3,3 g
Fett	0,7 g
Kohlenhydrate	1,2 g
Broteinheiten	0,10
Ballaststoffe	0,6 g
Cholesterin	2 mg
Kalzium	34 mg
Vitamin A	0,066 mg
Vitamin E	0,2 mg
Vitamin C	15 mg
Purin	2 mg

Hüttenkäse mit Sojakeimlingen

10 Portionen

1 Karotte
1 Kohlrabi
250 g Cottage Cheese
150 g Sojasprossen
1 Knoblauchzehe, fein gehackt
Kräutersalz
Zitronensaft

1. Karotte und Kohlrabi schälen und fein reiben
2. Mit den übrigen Zutaten locker vermischen

Serviervorschlag:

Vollkornbrot mit Salatblatt belegen, mit dem Aufstrich bestreichen und mit Sojasprossen und Kresse garnieren.

Tipp:

Sojakeimlinge kann man in ca. 4 Tagen auch selbst ziehen. Dazu lässt man Mungobohnen 10 – 12 Stunden in reichlich Wasser quellen. Danach abseihen und mit lauwarmem Wasser abspülen.

Die Bohnen in ein großes Glas (1 – 1 1/2 l Fassungsvermögen) geben, mit Gaze und einem Gummiring verschließen. Das Glas mit der Öffnung nach unten, etwas gekippt (Luftzufuhr muss gewährleistet sein) stellen. Zweimal täglich die Bohnen gründlich spülen und das Glas immer in Kippstellung stehen lassen.

Nährwerte pro Portion:	
Energie	34 kcal / 143 kJ
Eiweiß	4,5 g
Fett	0,9 g
Kohlenhydrate	1,7 g
Broteinheiten	0,13
Ballaststoffe	0,6 g
Cholesterin	2 mg
Kalzium	38 mg
Vitamin A	0,065 mg
Vitamin E	0,1 mg
Vitamin C	8 mg
Purin	2 mg

Mozzarella-Aufstrich mit Ricotta

1. Mozzarella in kleine Würfel schneiden
2. Ricotta glatt rühren
3. Kapern fein zerdrücken
4. Basilikum fein hacken (Sardellen fein hacken)
5. Alle Zutaten verrühren, mit Salz, Pfeffer und etwas Zitronensaft würzen

Dekorationsvorschlag:

Cocktailtomaten, frische Kräuter

4 Portionen

1 Pkg. Mozzarella (125 g)

100 g Ricotta

2 Kapern

1 EL frisches Basilikum, gehackt

1 TL Sardellenpaste

oder Sardellenfilet, fein gehackt

Salz, Pfeffer

einige Tropfen Zitronensaft

Nährwerte pro Portion:	
Energie	122 kcal / 513 kJ
Eiweiß	9 g
Fett	8,5 g
Kohlenhydrate	1,3 g
Broteinheiten	0,11
Ballaststoffe	0,1 g
Cholesterin	22 mg
Kalzium	187 mg
Vitamin A	0,167 mg
Vitamin E	0,4 mg
Vitamin C	1 mg
Purin	2 mg

Quargel-Aufstrich

4 Portionen

100 g Quargel
100 g Frischkäse 30 % F. i. T.
1/2 Bund Basilikum
30 g Honig
Salz
Pfeffer aus der Mühle

1. Quargel fein zerdrücken
2. Frischkäse schaumig rühren und Quargel zugeben
3. Basilikum fein schneiden
4. Mit Basilikum, Honig, Salz und frisch gemahlenem Pfeffer abschmecken

Nährwerte pro Portion:	
Energie	85 kcal / 357 kJ
Eiweiß	10,2 g
Fett	1,7 g
Kohlenhydrate	6,9 g
Broteinheiten	0,58
Ballaststoffe	0,1 g
Cholesterin	6 mg
Kalzium	79 mg
Vitamin A	0,022 mg
Vitamin E	0 mg
Vitamin C	0 mg
Purin	2 mg

Feta-Topfen-Aufstrich

1. Feta in Stücke schneiden und fein pürieren (im Cutter)
2. Topfen, Olivenöl und Jogurt beigeben und zu einer glatten Masse verrühren
3. Mit Basilikum, Knoblauch und Gewürzen abschmecken
4. Mit Cocktailtomaten und Basilikumblättern garnieren

9 Portionen

200 g Feta

200 g Magertopfen (-quark)

1 EL Olivenöl

1 EL Jogurt 3,6 %

1 EL frisches Basilikum, gehackt

2 Knoblauchzehen, gehackt

Salz, Pfeffer

Oregano

Garnitur:

Cocktailtomaten, Basilikumblätter

Nährwerte pro Portion:	
Energie	80 kcal / 339 kJ
Eiweiß	6,9 g
Fett	5,2 g
Kohlenhydrate	1,3 g
Broteinheiten	0,10
Ballaststoffe	0 g
Cholesterin	10 mg
Kalzium	131 mg
Vitamin A	0,058 mg
Vitamin E	0,2 mg
Vitamin C	0 mg
Purin	2 mg

Schafkäsetartar

8 Portionen

200 g Schafkäse
1/2 Zwiebel
1/2 Paprika, grün
1/2 Paprika, rot
1 EL Olivenöl
2 Knoblauchzehen
Worcestersoße
Salz, Pfeffer

1. Schafkäse mit der Gabel zerkleinern
2. Zwiebel und Paprika sehr klein würfeln
3. Alle Zutaten gut vermengen

Serviervorschlag:

Mit 2 Löffeln Nockerln formen, auf Teller setzen und mit marinierten Blattsalaten und Knoblauchbrot servieren.

Nährwerte pro Portion:	
Energie	77 kcal / 322 kJ
Eiweiß	4,6 g
Fett	6 g
Kohlenhydrate	1 g
Broteinheiten	0,09
Ballaststoffe	0,5 g
Cholesterin	11 mg
Kalzium	117 mg
Vitamin A	0,092 mg
Vitamin E	0,6 mg
Vitamin C	28 mg
Purin	4 mg

Schaffrischkäse mit Frühlingskräutern

5 Portionen

50 g Schalotten
1 Knoblauchzehe
50 g Bärlauch oder frische Brunnenkresse
1 Rolle Schaffrischkäse (200 g)
Salz, Pfeffer

Garnitur:

Frühlingskräuter oder Blüten (z. B. Gänseblümchen)

Nährwerte pro Portion:	
Energie	106 kcal / 445 kJ
Eiweiß	7,3 g
Fett	7,5 g
Kohlenhydrate	2,3 g
Broteinheiten	0,19
Ballaststoffe	0,3 g
Cholesterin	18 mg
Kalzium	187 mg
Vitamin A	0,091 mg
Vitamin E	0,2 mg
Vitamin C	2 mg
Purin	6 mg

1. Schalotten und Knoblauch sehr fein hacken
2. Frühlingskräuter fein schneiden oder hacken
3. Mit dem Frischkäse vermischen, würzen, mit Frühlingskräutern oder Blüten garnieren

Tipp:

Dieser Aufstrich kann noch mit gehackten Kürbiskernen und einigen Tropfen Kürbiskernöl verfeinert werden.

Kartoffel-Lauch-Aufstrich mit Schafkäse

10 Portionen

200 g Kartoffeln, mehlige

150 g Lauch

150 g Schafkäse (Feta)

2 EL Sauerrahm (saure Sahne)

2 EL Crème fraîche

Salz, Pfeffer

Muskatnuss

1. Kartoffeln schälen, würfelig schneiden
2. In Salzwasser weich kochen
3. Lauch der Länge nach halbieren und in feine Streifen schneiden
4. In Salzwasser kurz überkochen, abseihen und gut abtropfen lassen
5. Schafkäse in kleine Würfel schneiden
6. Kartoffeln durch die Kartoffelpresse drücken oder mit einer Gabel zerdrücken, mit Sauerrahm und Crème fraîche gut verrühren
7. Die restlichen Zutaten dazugeben, gut verrühren und abschmecken

Dekorationsvorschlag:

Schwarze Oliven, Cocktailtomaten, Basilikum oder Kresse

Nährwerte pro Portion:	
Energie	72 kcal / 303 kJ
Eiweiß	3,3 g
Fett	4,7 g
Kohlenhydrate	3,9 g
Broteinheiten	0,33
Ballaststoffe	0,8 g
Cholesterin	13 mg
Kalzium	81 mg
Vitamin A	0,059 mg
Vitamin E	0,2 mg
Vitamin C	5 mg
Purin	3 mg

Schafkäse-Kartoffel-Aufstrich

7 Portionen

100 g Kartoffeln
50 g Parmesan
1 Knoblauchzehe
1 Rolle Schaffrischkäse (200 g)
Salz, Pfeffer
frischer Thymian

1. Die Kartoffeln dämpfen, schälen, heiß pressen und auskühlen lassen
2. Parmesan fein reiben
3. Knoblauch fein hacken oder pressen
4. Den Schafkäse glatt rühren, mit den anderen Zutaten gut vermischen
5. Mit Salz, Pfeffer und Thymian würzen

Serviervorschlag:

Dieser Aufstrich eignet sich auch als Fülle für Tomaten oder kann auf Gurkenscheiben dressiert werden.

Nährwerte pro Portion:	
Energie	108 kcal / 450 kJ
Eiweiß	7 g
Fett	5,9 g
Kohlenhydrate	4,9 g
Broteinheiten	0,41
Ballaststoffe	0,3 g
Cholesterin	16 mg
Kalzium	202 mg
Vitamin A	0,080 mg
Vitamin E	0,1 mg
Vitamin C	2 mg
Purin	2 mg

Käse-Kren-Aufstrich mit Walnüssen

6 Portionen

150 g Würfelkäse (Halbfettstufe)

3 EL Sauerrahm (saure Sahne)

70 g Walnüsse

Salz

3 KL Kren (Meerrettich) aus dem Glas

1. Den Würfelkäse mit einer Gabel fein zerdrücken, mit Sauerrahm glatt rühren
2. Walnüsse in einer beschichteten Pfanne trocken rösten, grob hacken und mit dem Käse vermischen
3. Salzen und mit Kren pikant abschmecken

Dekorationsvorschlag:

Walnusshälften und Krauspetersilie

Nährwerte pro Portion:	
Energie	179 kcal / 749 kJ
Eiweiß	4,8 g
Fett	16,3 g
Kohlenhydrate	2,7 g
Broteinheiten	0,23
Ballaststoffe	0,8 g
Cholesterin	22 mg
Kalzium	120 mg
Vitamin A	0,118 mg
Vitamin E	0,9 mg
Vitamin C	2 mg
Purin	2 mg

Aufstriche mit Fisch

Lachsforellen-Tartar

5 Portionen

200 g Lachsforellenfilet, ohne Haut und Gräten
50 g Schalotten
1 EL Schnittlauch, frisch geschnitten
1 KL Zitronensaft
2 Korianderkörner
Pfeffer, Salz
1 EL Olivenöl

1. Lachsforellenfilet und Schalotten kleinwürfelig schneiden
2. Schalotten blanchieren (werden dadurch bekömmlicher)
3. Alle Zutaten gut verrühren, würzen

Serviervorschlag:

Weißbrot mit etwas Olivenöl beträufeln, in kleine Ecken schneiden und im Rohr toasten. Brotecken mit Salatblättern und dem Tartar belegen.

Tipp:

Eignet sich als kleiner Happen zu Wein oder als kalte Vorspeise.

Nährwerte pro Portion:	
Energie	73 kcal / 305 kJ
Eiweiß	8,5 g
Fett	3,4 g
Kohlenhydrate	1,8 g
Broteinheiten	0,15
Ballaststoffe	0,2 g
Cholesterin	22 mg
Kalzium	10 mg
Vitamin A	0,013 mg
Vitamin E	0,9 mg
Vitamin C	4 mg
Purin	41 mg

Tartar vom geräucherten Lachs

1. Lachs und Zwiebel kleinwürfelig schneiden
2. Zwiebel blanchieren
3. Alle Zutaten gut verrühren, würzen

Serviervorschlag:

Auf Gurkenscheiben anrichten und mit Kaviar und Dille garnieren.

5 Portionen

200 g Räucherlachs
40 g Zwiebel
1/2 EL Dille, gehackt
1 EL Zitronensaft
Pfeffer, frisch gemahlen

Garnitur:

20 g Kaviar
Dille
evtl. Blattsalate (Vogerlsalat)

Nährwerte pro Portion:	
Energie	142 kcal / 595 kJ
Eiweiß	12,5 g
Fett	8,4 g
Kohlenhydrate	1,3 g
Broteinheiten	0,11
Ballaststoffe	0,3 g
Cholesterin	30 mg
Kalzium	15 mg
Vitamin A	0,065 mg
Vitamin E	0,8mg
Vitamin C	5 mg
Purin	36 mg

Avocadotartar mit Räucherlachs

12 Portionen

100 g Stangensellerie
50 g Karotte
2 Avocados

Marinade:

2 KL Senf
3 EL Olivenöl
1 EL Sherryessig
1 EL Sauerrahm (saure Sahne)
Salz

----

200 g Räucherlachs

1. Stangensellerie und Karotte kleinwürfelig schneiden, getrennt weich kochen, abschrecken
2. Avocados schälen, Kern entfernen und kleinwürfelig schneiden
3. Marinade bereiten:
   Senf verrühren, das Öl langsam dazugießen, gut verrühren und die restlichen Zutaten dazugeben
4. Ausgekühltes Gemüse mit den Avocadowürfeln und der Marinade vermischen
5. Ziehen lassen – ca. 1 Stunde

Tipp:

Dazu reicht man getoastetes Weißbrot.

Nährwerte pro Portion:	
Energie	121 kcal / 508 kJ
Eiweiß	5,3 g
Fett	9,8 g
Kohlenhydrate	1,2 g
Broteinheiten	0,10
Ballaststoffe	0,7 g
Cholesterin	8 mg
Kalzium	16 mg
Vitamin A	0,124 mg
Vitamin E	0,9 mg
Vitamin C	4 mg
Purin	18 mg

Räucherlachs- Aufstrich

6 Portionen

100 g Räucherlachs

100 g Frischkäse 30 % F. i. T

2 EL Sauerrahm (saure Sahne)

1 EL frisch geriebener Kren (Meerrettich)

Pfeffer

1 Prise Ingwer

Garnitur:

50 g Räucherlachs

Zitronenzesten

frisches Dillkraut

Nährwerte pro Portion:	
Energie	108 kcal / 453 kJ
Eiweiß	9,1 g
Fett	6,9 g
Kohlenhydrate	0,9 g
Broteinheiten	0,07
Ballaststoffe	0,1 g
Cholesterin	18 mg
Kalzium	31 mg
Vitamin A	0,044 mg
Vitamin E	0,3 mg
Vitamin C	2 mg
Purin	21 mg

1. Die halbe Menge Lachs fein schneiden
2. Die zweite Hälfte im Cutter fein pürieren
3. Frischkäse, Sauerrahm und Kren verrühren, den pürierten Lachs einrühren, den geschnittenen Lachs unterheben
4. Mit den Gewürzen abschmecken, Salz ist nicht nötig
5. Mit Lachs und feinen Streifen von der Zitronenschale (Zesten) sowie etwas Dille garnieren

Makrelen-Tartar

10 Portionen

300 g Makrelenfilet, geräuchert

100 g Salatgurke

5 Radieschen

1 EL Dille, fein gehackt

60 g Cottage Cheese (Hüttenkäse)

2 EL Sauerrahm (saure Sahne)

Salz, Pfeffer

Zitronensaft

1. Makrelenfilet enthäuten und kleinwürfelig schneiden
2. Gurke schälen, der Länge nach halbieren, entkernen und in kleine Würfel schneiden
3. Radieschen ebenfalls kleinwürfelig schneiden
4. Alle Zutaten vermischen, mit Salz, Pfeffer und Zitronensaft würzen

Nährwerte pro Portion:	
Energie	72 kcal / 298 kJ
Eiweiß	6,9 g
Fett	4,5 g
Kohlenhydrate	0,5 g
Broteinheiten	0,05
Ballaststoffe	0,2 g
Cholesterin	27 mg
Kalzium	17 mg
Vitamin A	0,038 mg
Vitamin E	0,5 mg
Vitamin C	3 mg
Purin	15 mg

Makrelen-Aufstrich

12 Portionen

1 Ei
100 g Halbfett-margarine
1 KL Senf
Salz, Pfeffer
50 g Essiggurken
30 g Schalotten
250 g Makrelenfilet, geräuchert
50 g Gervais

1. Das Ei kochen, kalt abschrecken und auskühlen lassen
2. Margarine cremig rühren, Senf und Gewürze dazugeben
3. Essiggurken, Schalotten und Ei fein hacken
4. Makrelenfilet enthäuten und würfelig schneiden
5. Alle Zutaten mit der Margarinemischung verrühren

Nährwerte pro Portion:	
Energie	96 kcal / 403 kJ
Eiweiß	5,5 g
Fett	7,9 g
Kohlenhydrate	0,7 g
Broteinheiten	0,06
Ballaststoffe	0,1 g
Cholesterin	41 mg
Kalzium	13 mg
Vitamin A	0,087 mg
Vitamin E	0,9 mg
Vitamin C	1 mg
Purin	12 mg

Pikanter Sardinen-Aufstrich

1. Das Ei kochen, kalt abschrecken und auskühlen lassen
2. Topfen mit Senf, Salz und Zitronensaft verrühren
3. Zwiebel feinwürfelig schneiden
4. Sardinen mit einer Gabel zerdrücken
5. Das Ei hacken
6. Alle Zutaten mit der Topfenmasse vermischen, abschmecken

6 Portionen

1 Ei

120 g Magertopfen (-quark)

Senf, Salz

Zitronensaft

50 g Zwiebel

1 Dose Sardinen in Öl (95 g)

Nährwerte pro Portion:	
Energie	82 kcal / 341 kJ
Eiweiß	6,4 g
Fett	5 g
Kohlenhydrate	1,3 g
Broteinheiten	0,11
Ballaststoffe	0,2 g
Cholesterin	42 mg
Kalzium	44 mg
Vitamin A	0,025 mg
Vitamin E	1,5 mg
Vitamin C	1 mg
Purin	15 mg

Tunfisch-Aufstrich

6 Portionen

1 Dose Tunfisch, natur (150 g)
5 Kapern
60 g Topfen (Quark) 20 % F. i. T.
1/2 Becher Crème fraîche (150 g)
Salz, Pfeffer
etwas Zitronenschale
1 KL Zitronensaft

1. Tunfisch in einem Sieb abtropfen lassen und mit einer Gabel leicht zerdrücken
2. Kapern fein hacken
3. Topfen und Crème fraîche glatt rühren und die restlichen Zutaten vorsichtig untermischen
4. Mit Salz, Pfeffer, Zitronenschale und -saft abschmecken

Serviervorschlag:

Den Aufstrich in kleine Tomaten füllen, mit Basilikumblättern belegen und mit Kapernbeeren garnieren.

Nährwerte pro Portion:	
Energie	101 kcal / 423 kJ
Eiweiß	6,1 g
Fett	7,5 g
Kohlenhydrate	1,8 g
Broteinheiten	0,15
Ballaststoffe	0,2 g
Cholesterin	29 mg
Kalzium	41 mg
Vitamin A	0,114 mg
Vitamin E	0,3 mg
Vitamin C	0 mg
Purin	11 mg

Sardinen-Oliven-Aufstrich

10 Portionen

250 g Topfen (Quark) 20 % F. i. T.

Salz, Pfeffer

1 EL Dille, fein gehackt

2 Dosen Sardinen in Öl (95 g)

10 Oliven, schwarz

10 Oliven, grün

1. Topfen mit Salz, Pfeffer und Dille cremig rühren
2. Sardinen gut abtropfen lassen und mit einer Gabel zerdrücken
3. Oliven entkernen und kleinwürfelig schneiden
4. Alle Zutaten zur Topfenmasse geben und gut verrühren

Tipp:

Statt Sardinen kann man die gleiche Menge Tunfisch verwenden.

Nährwerte pro Portion:	
Energie	95 kcal / 392 kJ
Eiweiß	5,6 g
Fett	6,8 g
Kohlenhydrate	1,2 g
Broteinheiten	0,11
Ballaststoffe	0,4 g
Cholesterin	6 mg
Kalzium	52 mg
Vitamin A	0,029 mg
Vitamin E	1,7 mg
Vitamin C	1 mg
Purin	17 mg

Tunfisch-Ei-Aufstrich

1. Das Ei hart kochen, abschrecken
2. Tunfisch im Sieb abtropfen lassen und mit Topfen mixen, Ei grob hacken und zugeben
3. Mit Zitronensaft, Salz und Pfeffer würzen und abschmecken

6 Portionen

1 Ei

1 Dose Tunfisch in Öl (150 g)

100 g Topfen (Quark) 20 % F. i. T.

1 TL Zitronensaft

Salz, Pfeffer

Nährwerte pro Portion:	
Energie	123 kcal / 512 kJ
Eiweiß	7,4 g
Fett	9,6 g
Kohlenhydrate	1,1 g
Broteinheiten	0,09
Ballaststoffe	0 g
Cholesterin	57 mg
Kalzium	33 mg
Vitamin A	0,094 mg
Vitamin E	3,4 mg
Vitamin C	1 mg
Purin	11 mg

Tunfisch-Gemüse-Aufstrich

10 Portionen

1/2 Paprika, grün
1/2 Paprika, rot
50 g Jungzwiebeln
1 Dose Tunfisch, natur (150 g)
100 g Frischkäse 40 % F. i. T.
2 EL Ketchup
1/2 EL Weinbrand
Salz, Pfeffer
einige Tropfen Zitronensaft

Garnitur:

Paprikastreifen, Zwiebelringe

Nährwerte pro Portion:	
Energie	41 kcal / 178 kJ
Eiweiß	4,1 g
Fett	1,7 g
Kohlenhydrate	1,9 g
Broteinheiten	0,16
Ballaststoffe	0,5 g
Cholesterin	8 mg
Kalzium	18 mg
Vitamin A	0,075 mg
Vitamin E	0,4 mg
Vitamin C	23 mg
Purin	8 mg

1. Paprikaschoten in sehr kleine Würfel schneiden
2. Den weißen Teil der Jungzwiebeln in feine Ringe schneiden
3. Das Gemüse blanchieren, kalt abschrecken und abtrocknen
4. Den Tunfisch gut abtropfen lassen und fein passieren oder im Cutter zerkleinern
5. Mit dem Frischkäse, Ketchup, Weinbrand und Gemüse vermischen
6. Würzen, pikant abschmecken
7. Mit Zwiebelringen und Paprikastreifen garnieren

Tunfischmousse mit Rosmarin

8 Portionen

200 g Kartoffeln
80 g Zwiebeln
1 Dose Tunfisch, natur (150 g)
3 EL Sauerrahm (saure Sahne)
1/2 TL Rosmarinnadeln, fein geschnitten

1. Kartoffeln und Zwiebeln schälen, würfelig schneiden
2. In Salzwasser weich kochen
3. Inzwischen Tunfisch gut abtropfen lassen und mit einem Mixstab fein pürieren
4. Kartoffeln und Zwiebeln abseihen, gut abtropfen lassen
5. Durch die Kartoffelpresse drücken
6. Tunfischmousse mit der Kartoffelmasse und den restlichen Zutaten vermischen, würzen
7. Masse mit Frischhaltefolie abdecken und 1 – 2 Stunden kühl stellen

Dekorationsvorschlag:

Schwarze Oliven, frischer Rosmarin

Tipp:

Aus der Masse können mit 2 Löffeln auch Nockerln geformt und mit Blattsalaten angerichtet werden.

Nährwerte pro Portion:	
Energie	57 kcal / 236 kJ
Eiweiß	4,3 g
Fett	1,9 g
Kohlenhydrate	5 g
Broteinheiten	0,43
Ballaststoffe	0,9 g
Cholesterin	10 mg
Kalzium	15 mg
Vitamin A	0,054 mg
Vitamin E	0,2 mg
Vitamin C	5 mg
Purin	11 mg

Krabben-Aufstrich

6 Portionen

50 g Gervais
5 EL Crème fraîche
2 EL Ketchup
1 EL Weinbrand
1 TL Kren (Meerrettich)
Salz
150 g Krabben, eingelegt

1. Gervais mit Crème fraîche, Ketchup, Weinbrand, Kren und Salz verrühren
2. Krabben abseihen, abschwemmen und zum Aufstrich geben

Serviervorschlag:

Getoastete Weißbrotscheiben mit Salatblättern belegen und mit dem Aufstrich bestreichen. Eventuell mit Zitronenspalten und frischer Dille garnieren.

Tipp:

Dieser Aufstrich kann auch als Krabbencocktail (siehe Bild) serviert werden. Dafür verwendet man statt Gervais nur Sauerrahm. In Cocktailgläser Krabbenmasse einfüllen und mit Zitronenscheiben und Kräutern oder Vogerlsalat garnieren.

Nährwerte pro Portion:	
Energie	113 kcal / 473 kJ
Eiweiß	5,9 g
Fett	8,3 g
Kohlenhydrate	1,9 g
Broteinheiten	0,16
Ballaststoffe	0,1 g
Cholesterin	58 mg
Kalzium	41 mg
Vitamin A	0,095 mg
Vitamin E	1,2 mg
Vitamin C	1 mg
Purin	14 mg

Shrimps-Zucchini-Aufstrich

10 Portionen

100 g Shrimps (Krabben)
1 Pkg. Mozzarella (125 g)
100 g Zucchini
125 g Frischkäse 30 % F. i. T.
2 EL Weißwein
1 EL frischer Estragon, fein gehackt
Salz, Pfeffer
Zitronensaft

1. Shrimps unter kaltem Wasser abspülen, abtropfen lassen und in kleine Stücke schneiden
2. Mozzarella gut ausdrücken und mit dem Zucchini grob raspeln oder in kleine Würfel schneiden
3. Alle Zutaten vermischen und mit dem Weißwein cremig rühren, würzen

Serviervorschlag:

Der Aufstrich kann in Glasschalen, die mit Salatblättern ausgelegt werden, als Vorspeisencocktail oder in Avocadohälften angerichtet werden. (Die angegebenen Mengen reichen für 4 Portionen.)

Nährwerte pro Portion:	
Energie	64 kcal / 265 kJ
Eiweiß	5,9 g
Fett	3,6 g
Kohlenhydrate	1,1 g
Broteinheiten	0,09
Ballaststoffe	0,1 g
Cholesterin	25 mg
Kalzium	73 mg
Vitamin A	0,052 mg
Vitamin E	0,5 mg
Vitamin C	1 mg
Purin	4 mg

Topfenaufstrich mit Shrimps

1. Die Shrimps abtropfen lassen und auf Küchenpapier legen
2. Zwiebel und Knoblauch fein hacken
3. In Öl anlaufen lassen, Shrimps beigeben, kurz anbraten
4. Mit Schlagobers und Weinbrand aufgießen, einreduzieren lassen, bis keine Flüssigkeit mehr vorhanden ist
5. Auskühlen lassen, würzen
6. Den Topfen glatt rühren, die Shrimps-Mischung beigeben, abschmecken

9 Portionen

180 g Shrimps (Krabben)
30 g Zwiebel
1 Knoblauchzehe
1 EL Maiskeimöl
2 EL Schlagobers (-sahne)
2 EL Weinbrand
einige Tropfen Zitronensaft
Salz, Pfeffer
1 Prise Curry
200 g Topfen (Quark) 20 % F. i. T.

Garnitur:

Shrimps und frische Dille oder frisch geriebener roter Pfeffer

Nährwerte pro Portion:	
Energie	72 kcal / 302 kJ
Eiweiß	6,3 g
Fett	3,4 g
Kohlenhydrate	1,6 g
Broteinheiten	0,14
Ballaststoffe	0,1 g
Cholesterin	40 mg
Kalzium	49 mg
Vitamin A	0,031 mg
Vitamin E	1,1 mg
Vitamin C	0 mg
Purin	5 mg

Räucherforellenmousse

10 Portionen

2 Blatt Gelatine
30 g Schalotten
1/2 EL Butter
3 EL Weißwein
4 geräucherte Forellenfilets
1 Becher Crème fraîche (150 g)
Salz, Pfeffer
1 TL Zitronensaft
100 ml Schlagobers (-sahne)

1. Gelatine in kaltem Wasser einweichen
2. Schalotten kleinwürfelig schneiden, in der Butter anschwitzen, mit Wein ablöschen und vom Herd nehmen
3. Gelatine ausdrücken und im Sud auflösen
4. Forellenfilets in Stücke schneiden, mit der Zwiebelmischung und Crème fraîche in einem Cutter fein pürieren
5. Mit Salz, Pfeffer und Zitronensaft würzen
6. Schlagobers aufschlagen und unter die Masse ziehen
7. In eine Schüssel füllen, mit Frischhaltefolie abdecken und einige Stunden kühlen

Nährwerte pro Portion:	
Energie	174 kcal / 730 kJ
Eiweiß	10,1 g
Fett	12,7 g
Kohlenhydrate	1,4 g
Broteinheiten	0,11
Ballaststoffe	0 g
Cholesterin	64 mg
Kalzium	26 mg
Vitamin A	0,127 mg
Vitamin E	0,3 mg
Vitamin C	1 mg
Purin	61 mg

Serviervorschlag:

Aus Vollkorntoast oder Nussbrot kleine Scheiben ausstechen und Mousse aufdressieren. Mit Eischeiben, Kaviar und Schnittlauch oder Dille garnieren.

Tipp:

Damit die Mousse auf Brotscheiben dressierbar ist, lässt man sie kurz bei Zimmertemperatur stehen oder rührt sie mit einem Schneebesen auf.

Canapés mit Forellencreme

4 Portionen á 2 Stück

60 g Frischkäse 30 % F. i. T.

1 KL Zitronensaft

4 Kapern

Salz, Pfeffer

1 geräuchertes Forellenfilet

4 Scheiben Vollkorn-toastbrot

Garnitur:

20 g Walnüsse

Schnittlauch

1. Frischkäse mit Zitronensaft und fein gehackten Kapern vermischen, würzen
2. Das Fischfilet in kleine Stücke schneiden, beigeben
3. Toastbrot diagonal durchschneiden, die Forellencreme darauf verteilen
4. Mit Nüssen und Schnittlauch garnieren

Nährwerte pro Portion:	
Energie	148 kcal/ 618 kJ
Eiweiß	10 g
Fett	6 g
Kohlenhydrate	12 g
Broteinheiten	1,00
Ballaststoffe	1,2 g
Cholesterin	20 mg
Kalzium	50 mg
Vitamin A	0,031 mg
Vitamin E	0,5 mg
Vitamin C	2 mg
Purin	43 mg

Heringstopfen

10 Portionen

250 g Topfen (Quark) 20 % F. i. T.
100 g Heringsfilet (Matjes-Art)
1/2 Apfel
20 g Essiggurken
1/2 Zwiebel
Salz, Pfeffer

1. Topfen glatt rühren
2. Heringsfilet würfelig schneiden
3. Apfel, Essiggurken und Zwiebel kleinwürfelig schneiden
4. Alle Zutaten mit dem glatt gerührten Topfen vermischen

Dekorationsvorschlag:

Feine Apfelspalten und Dille

Nährwerte pro Portion:	
Energie	51 kcal / 217 kJ
Eiweiß	4,6 g
Fett	2,7 g
Kohlenhydrate	2,1 g
Broteinheiten	0,18
Ballaststoffe	0,3 g
Cholesterin	14 mg
Kalzium	41 mg
Vitamin A	0,020 mg
Vitamin E	0,2 mg
Vitamin C	1 mg
Purin	9 mg

Aufstriche mit Fleisch, Schinken und Wurst

Kantwurst-Aufstrich

10 Portionen

40 g Essiggurken
50 g Zwiebel, rot
150 g Kantwurst
1 EL Schnittlauch, frisch geschnitten
4 Kapern
250 g Magertopfen (-quark)

1. Essiggurken und Zwiebel feinwürfelig schneiden
2. Kantwurst in feine Streifen schneiden
3. Schnittlauch schneiden und Kapern hacken
4. Alle Zutaten mit dem Topfen verrühren und abschmecken

Dekorationsvorschlag:

Essiggurkenfächer, Eischeiben und Schnittlauch

Tipp:

Dieser Aufstrich eignet sich gut für kräftige Brot- und Gebäcksorten.

Nährwerte pro Portion:	
Energie	80 kcal / 337 kJ
Eiweiß	5,7 g
Fett	5,5 g
Kohlenhydrate	1,9 g
Broteinheiten	0,15
Ballaststoffe	0,4 g
Cholesterin	8 mg
Kalzium	43 mg
Vitamin A	0,012 mg
Vitamin E	0 mg
Vitamin C	1 mg
Purin	4 mg

Wurst-Aufstrich

1. Zwiebel und Paprika feinwürfelig schneiden
2. Kresse fein hacken
3. Wurst faschieren
4. Alle Zutaten mit dem Topfen verrühren und abschmecken

Dekorationsvorschlag:

Paprikastreifen und Kresse

10 Portionen

20 g Zwiebel

1/2 Paprika, rot

10 g Kresse

200 g Krakauer

250 g Magertopfen (-quark)

1 Knoblauchzehe, fein gehackt

Senf, Salz, Paprika

Nährwerte pro Portion:	
Energie	78 kcal / 327 kJ
Eiweiß	9,8 g
Fett	2,9 g
Kohlenhydrate	1,8 g
Broteinheiten	0,15
Ballaststoffe	0,3 g
Cholesterin	19 mg
Kalzium	39 mg
Vitamin A	0,063 mg
Vitamin E	0,2 mg
Vitamin C	51 mg
Purin	18 mg

Ungarischer Salami-Aufstrich

6 Portionen

1/2 Paprika, grün
20 g Pfefferoni, rot
80 g Salami
150 g Magertopfen (-quark)
1/2 KL Paprikapulver
Cayennepfeffer, Salz

1. Paprika und Pfefferoni kleinwürfelig schneiden
2. Salami in feine Streifen schneiden (einige Scheiben zum Garnieren übrig lassen)
3. Topfen glatt rühren, mit den restlichen Zutaten vermischen und pikant abschmecken

Dekorationsvorschlag:

Aufstrich auf Cracker streichen oder in Mürbteigtörtchen dressieren und mit Salamitütchen und Paprikastreifen garnieren.

Nährwerte pro Portion:	
Energie	73 kcal / 303 kJ
Eiweiß	6,2 g
Fett	4,1 g
Kohlenhydrate	2,4 g
Broteinheiten	0,19
Ballaststoffe	1 g
Cholesterin	8 mg
Kalzium	37 mg
Vitamin A	0,129 mg
Vitamin E	0,1 mg
Vitamin C	20 mg
Purin	7 mg

Edamer-Salami-Aufstrich

10 Portionen

1 Zwiebel
150 g Edamer
70 g Salami
1/2 Paprika, grün
50 g Mayonnaise 25 % Fett
2 EL Sauerrahm (saure Sahne)
Salz, Pfeffer
1 TL Senf

1. Zwiebel sehr fein hacken
2. Edamer, Salami und Paprika in kleine Würfel schneiden
3. Mit Mayonnaise und Sauerrahm binden
4. Mit Salz, Pfeffer und Senf würzen

Dekorationsvorschlag:

Salamitüten, Paprikawürfel, Kresse

Nährwerte pro Portion:	
Energie	76 kcal / 316 kJ
Eiweiß	5,6 g
Fett	4,9 g
Kohlenhydrate	1,2 g
Broteinheiten	0,11
Ballaststoffe	0,4 g
Cholesterin	13 mg
Kalzium	129 mg
Vitamin A	0,034 mg
Vitamin E	0,1 mg
Vitamin C	12 mg
Purin	5 mg

Topfenaufstrich mit Schinken und Nüssen

1. Die Haselnüsse ohne Fett rösten und anschließend die braune Haut abreiben (geht am schnellsten, wenn man die Haselnüsse zwischen 2 Geschirrtüchern reibt)
2. Nüsse, Schinken und Paprika feinwürfelig schneiden
3. Petersilie hacken
4. Die weiche Margarine mit dem Topfen gut verrühren und mit den restlichen Zutaten vermischen, abschmecken

Tipp:

Dieser Aufstrich eignet sich sehr gut als Fülle für Schinkenrollen oder Brandteigkrapferln.

10 Portionen

100 g Haselnüsse
125 g Saunaschinken
1/4 Paprika, rot
1/4 Paprika, grün
1/2 Bund Petersilie
50 g Halbfettmargarine
250 g Topfen (Quark) 20 % F. i. T.
Salz, Pfeffer

Nährwerte pro Portion:	
Energie	105 kcal / 438 kJ
Eiweiß	6,1 g
Fett	7,8 g
Kohlenhydrate	1,7 g
Broteinheiten	0,14
Ballaststoffe	0,5 g
Cholesterin	15 mg
Kalzium	47 mg
Vitamin A	0,084 mg
Vitamin E	1,6 mg
Vitamin C	13 mg
Purin	8 mg

Spinat-Ei-Aufstrich mit Schinken

8 Portionen

2 Eier
1 EL Weißwein
50 g Spinat, passiert
50 g Rohschinken
200 g Gervais

1. Eier kochen (ca. 10 Minuten) und kalt abschrecken
2. Wein erhitzen, Spinat darin auflösen und kurz aufkochen
3. Spinat auskühlen lassen
4. Rohschinken feinwürfelig schneiden
5. Eier schälen und fein hacken
6. Gervais glatt rühren und die restlichen Zutaten untermischen und würzen

Tipp:

Der Rohschinken kann auch als Garnitur verwendet werden.

Nährwerte pro Portion:	
Energie	139 kcal / 582 kJ
Eiweiß	5,6 g
Fett	11,9 g
Kohlenhydrate	0,8 g
Broteinheiten	0,06
Ballaststoffe	0,2 g
Cholesterin	91 mg
Kalzium	43 mg
Vitamin A	0,183 mg
Vitamin E	0,6 mg
Vitamin C	2 mg
Purin	4 mg

Österzola-Aufstrich

10 Portionen

200 g Österzola

100 g Gervais

100 ml Sauerrahm (saure Sahne)

100 g Pressschinken

1 EL Schnittlauch, frisch geschnitten

1 EL Petersilie

1/2 EL Weinbrand

Salz, Pfeffer

1. Österzola passieren, mit Gervais und Sauerrahm glatt rühren
2. Schinken kleinwürfelig schneiden
3. Schnittlauch, Petersilie schneiden
4. Aufstrich mit übrigen Zutaten vermischen, würzen

Nährwerte pro Portion:	
Energie	158 kcal / 662 kJ
Eiweiß	6,9 g
Fett	13,1 g
Kohlenhydrate	0,9 g
Broteinheiten	0,08
Ballaststoffe	0,1 g
Cholesterin	43 mg
Kalzium	82 mg
Vitamin A	0,164 mg
Vitamin E	0,3 mg
Vitamin C	1 mg
Purin	6 mg

Schinken-Jungzwiebel-Aufstrich

10 Portionen

200 g Kartoffeln, mehlig
80 g Jungzwiebeln
100 g Saunaschinken
150 ml Sauerrahm (saure Sahne)
1 Knoblauchzehe, fein gehackt
Salz, Pfeffer

1. Kartoffeln schälen, würfelig schneiden
2. In Salzwasser weich kochen
3. Jungzwiebeln der Länge nach halbieren und in dünne Scheiben schneiden
4. Schinken in ca. 1/2 cm große Stücke schneiden
5. Kartoffeln durch die Kartoffelpresse drücken oder mit einer Gabel zerdrücken
6. Mit Sauerrahm und Knoblauch gut verrühren
7. Jungzwiebeln und Schinken mit der Aufstrichbasis gut vermischen, mit Salz und Pfeffer würzen

Tipp:

Für einen intensiveren Geschmack kann man statt Schinken gekochtes Selchfleisch verwenden.

Nährwerte pro Portion:	
Energie	76 kcal / 320 kJ
Eiweiß	3 g
Fett	4,6 g
Kohlenhydrate	4,5 g
Broteinheiten	0,38
Ballaststoffe	0,7 g
Cholesterin	18 mg
Kalzium	20 mg
Vitamin A	0,032 mg
Vitamin E	0,1 mg
Vitamin C	4 mg
Purin	7 mg

Schinken-Kren-Aufstrich

8 Portionen

150 g Saunaschinken
10 g Kren (Meerrettich)
250 g Magertopfen (-quark)
Salz, Pfeffer

1. Schinken in kleine Würfel schneiden
2. Kren fein raspeln
3. Alle Zutaten mit dem Topfen glatt rühren und abschmecken

Dekorationsvorschlag:

Schinkenstreifen, Krauspetersilie oder Cocktailtomaten.

Wenn der Schinken sehr fein geschnitten ist, eignet sich dieser Aufstrich auch gut zum Dressieren (mit dem Spritzsack) z. B. für Cracker oder Canapés.

Tipp:

Am besten eignen sich für diesen Aufstrich geräucherte Schinkensorten oder Geselchtes.

Nährwerte pro Portion:	
Energie	69 kcal / 293 kJ
Eiweiß	8,1 g
Fett	3,2 g
Kohlenhydrate	1,3 g
Broteinheiten	0,10
Ballaststoffe	0 g
Cholesterin	16 mg
Kalzium	40 mg
Vitamin A	0,004 mg
Vitamin E	0 mg
Vitamin C	1 mg
Purin	9 mg

Schinken-Räucherkäse-Aufstrich

1. Schinken kleinwürfelig schneiden
2. Räucherkäse in sehr kleine Würfel schneiden oder fein hacken
3. Topfen und Sauerrahm glatt rühren, Käse und Schinken beigeben
4. Mit Knoblauch, Kräutersalz, Pfeffer und etwas Paprikapulver würzen
5. Mit rotem Pfeffer oder Paprika bestreuen

5 Portionen

50 g Saunaschinken
100 g Schafkäse, geräuchert
100 g Magertopfen (-quark)
1 EL Sauerrahm (saure Sahne)
1 Knoblauchzehe, fein gehackt
Kräutersalz
Pfeffer
etwas Paprikapulver

Nährwerte pro Portion:	
Energie	93 kcal / 395 kJ
Eiweiß	8,2 g
Fett	6 g
Kohlenhydrate	1 g
Broteinheiten	0,09
Ballaststoffe	0 g
Cholesterin	19 mg
Kalzium	112 mg
Vitamin A	0,055 mg
Vitamin E	0,1 mg
Vitamin C	0 mg
Purin	7 mg

Land-Aufstrich

10 Portionen

150 g Selchfleisch, gekocht

1/2 Apfel

1/2 Paprika, rot

1 EL Kren (Meerrettich), fein gerieben

1 EL frischer Schnittlauch, fein geschnitten

250 g Topfen (Quark) 20 % F. i. T.

Salz, Pfeffer

Majoran

1. Selchfleisch kleinwürfelig schneiden
2. Apfel und Paprika ebenfalls in kleine Würfel schneiden
3. Alle Zutaten mit dem Topfen verrühren und abschmecken

Dekorationsvorschlag:

Selchfleischwürfel, Schnittlauch oder frischer Majoran

Tipp:

Dieser Aufstrich eignet sich als Fülle für Schinkenrollen, Brandteigkrapferln oder Blätterteigpastetchen.

Nährwerte pro Portion:	
Energie	63 kcal / 269 kJ
Eiweiß	5,9 g
Fett	3 g
Kohlenhydrate	2,3 g
Broteinheiten	0,19
Ballaststoffe	0,5 g
Cholesterin	17 mg
Kalzium	36 mg
Vitamin A	0,052 mg
Vitamin E	0,2 mg
Vitamin C	15 mg
Purin	8 mg

Toskanischer Leber-Aufstrich

5 Portionen

Marinade:

100 ml Portwein
1 Lorbeerblatt
2 Wacholderbeeren
---
200 g Hühnerleber
50 g Zwiebel
100 g Stangensellerie
100 g Karotten
1 EL Olivenöl
1 EL Butter
1 EL Tomatenmark
Salz Pfeffer
5 Kapern
2 EL Petersilie, gehackt

Garnitur:

Kapernbeeren

Nährwerte pro Portion:

Energie	147 kcal / 618 kJ
Eiweiß	9,2 g
Fett	6,1 g
Kohlenhydrate	6,2 g
Broteinheiten	0,51
Ballaststoffe	1,8 g
Cholesterin	205 mg
Kalzium	56 mg
Vitamin A	4,855 mg
Vitamin E	0,7 mg
Vitamin C	15 mg
Purin	57 mg

1. Zutaten für die Marinade vermischen
2. Leber klein schneiden, marinieren und ca. 20 Minuten ziehen lassen
3. Zwiebel, Sellerie und Karotten schälen, feinwürfelig schneiden oder raspeln
4. Gemüse in Öl und Butter anschwitzen, Leber abtropfen lassen und dazugeben, Tomatenmark kurz mitrösten
5. Marinade zugießen und bei schwacher Hitze köcheln lassen, bis die Flüssigkeit verdampft ist
6. Abkühlen lassen
7. Mit Salz und Pfeffer würzen und mit den Kapern und der Petersilie fein pürieren

Serviervorschlag:

Als »Crostini alla toscana« auf geröstetem Ciabatta oder Vollkornbaguettescheiben (Masse reicht für 15 Stück) anrichten.

Leberstreichwurst-Aufstrich

1. Senfkörner in etwas Salzwasser bissfest kochen, abseihen und kalt abschrecken
2. Topfen glatt rühren
3. Die Leberstreichwurst durch ein feines Sieb streichen
4. Leberstreichwurst, Senfkörner und Petersilie mit dem Topfen verrühren und abschmecken

10 Portionen

1 KL Senfkörner

250 g Magertopfen (-quark)

250 g Leberstreichwurst

1 EL Petersilie

Nährwerte pro Portion:	
Energie	109 kcal / 459 kJ
Eiweiß	7,6 g
Fett	8,1 g
Kohlenhydrate	1,5 g
Broteinheiten	0,12
Ballaststoffe	0,1 g
Cholesterin	46 mg
Kalzium	38 mg
Vitamin A	1,341 mg
Vitamin E	0,1 mg
Vitamin C	7 mg
Purin	12 mg

Hühnerleber-Creme

12 Portionen

250 g Hühnerleber
50 g Schalotten
30 g Butter
100 ml Portwein
2 Blatt Gelatine
100 g QimiQ
Salz, Pfeffer
150 ml Schlagobers (-sahne)

1. Hühnerleber putzen, waschen, trockentupfen
2. Schalotten fein würfeln und mit der Leber in der Butter anbraten. Mit dem Portwein ablöschen und kurz aufkochen lassen
3. Gelatine in kaltem Wasser einweichen
4. Den Fond abseihen und die festen Zutaten in einem Mixer fein pürieren
5. Die Gelatine ausdrücken, im Fond auflösen und zur Lebermasse geben, QimiQ unterrühren und würzen
6. Schlagobers aufschlagen, unter die Masse ziehen und in eine flache Form füllen
7. Zugedeckt ca. 2 Stunden im Kühlschrank stocken lassen

Serviervorschlag:

Die Hühnerlebercreme mit getoastetem Weißbrot und Preiselbeeren servieren.

Tipp:

Statt Hühnerleber kann Gänse-, Enten- oder Kalbsleber verwendet werden.

Aus der Creme können auch kleine Kugeln geformt und in gehackten Kürbiskernen gewälzt werden.

Nährwerte pro Portion:	
Energie	134 kcal / 561 kJ
Eiweiß	5 g
Fett	9,9 g
Kohlenhydrate	2,5 g
Broteinheiten	0,21
Ballaststoffe	0 g
Cholesterin	133 mg
Kalzium	21 mg
Vitamin A	2,393 mg
Vitamin E	0,3 mg
Vitamin C	5 mg
Purin	25 mg

Hühner-Aufstrich

1. Hühnerbrust in Würfel schneiden, in Öl rasch anbraten und mit dem Wasser ca. 15 Minuten dünsten
2. In ein Sieb geben und gut abtropfen lassen
3. Hühnerfleisch, Sauerrahm, Frischkäse und Gewürze mit einem Pürierstab zu einer cremigen Masse verarbeiten
4. Abdecken und für ca. 1 Stunde in den Kühlschrank stellen

10 Portionen

300 g Hühnerbrust

1/2 EL Maiskeimöl

3 EL Wasser

150 ml Sauerrahm (saure Sahne)

100 g Frischkäse 30 % F. i. T.

Salz, Pfeffer

1 Prise Thymian

Nährwerte pro Portion:	
Energie	86 kcal / 358 kJ
Eiweiß	8,3 g
Fett	4,9 g
Kohlenhydrate	0,9 g
Broteinheiten	0,07
Ballaststoffe	0 g
Cholesterin	30 mg
Kalzium	31 mg
Vitamin A	0,045 mg
Vitamin E	0,5 mg
Vitamin C	0 mg
Purin	20 mg

Puten-Ingwer-Aufstrich

6 Portionen

100 g Zwiebeln
2 Knoblauchzehen
200 g Putenbrust
1 EL Olivenöl
1/8 l Wasser
40 g Ingwer, frisch
4 EL Schlagobers (-sahne)
Salz, Pfeffer

1. Zwiebeln und Knoblauchzehen feinwürfelig schneiden
2. Putenbrust in kleine Würfel schneiden
3. In einer Pfanne in Öl die Fleischwürfel rasch anbraten, Zwiebel und Knoblauch dazugeben, mit dem Wasser aufgießen und ca. 10 Minuten dünsten lassen
4. Fleischwürfel in einem Sieb abtropfen und auskühlen lassen (am besten im Kühlschrank)
5. Ingwer schälen und fein reiben
6. Putenfleisch mit Ingwer und Schlagobers fein pürieren und würzen

Tipp:

Sehr exotisch schmeckt der Aufstrich, wenn statt Schlagobers Kokosmilch verwendet wird.

Nährwerte pro Portion:	
Energie	122 kcal / 511 kJ
Eiweiß	9 g
Fett	6,3 g
Kohlenhydrate	5,8 g
Broteinheiten	0,49
Ballaststoffe	0,9 g
Cholesterin	33 mg
Kalzium	24 mg
Vitamin A	0,065 mg
Vitamin E	0,6 mg
Vitamin C	3 mg
Purin	21 mg

Hühner-Apfel-Aufstrich

10 Portionen

150 g Hühnerbrust
1/2 El Maiskeimöl
1/2 Apfel
30 g Walnüsse
120 g Frischkäse 30 % F. i. T.
1 EL Petersilie, fein gehackt
Salz
1 Spritzer Worcestersoße
1 Msp. Cayennepfeffer

1. Hühnerbrust in Öl braten, auskühlen lassen
2. Hühnerfleisch und Apfel kleinwürfelig schneiden
3. Walnüsse hacken
4. Alle Zutaten mit dem Frischkäse verrühren, würzen

Serviervorschlag:

Die Masse ca. 2 Stunden kühl stellen und anschließend walnussgroße Kugeln formen. In gerösteten Weizenkeimen, Walnüssen oder gehackter Petersilie wälzen.

Nährwerte pro Portion:	
Energie	64 kcal / 266 kJ
Eiweiß	5,2 g
Fett	3,7 g
Kohlenhydrate	1,6 g
Broteinheiten	0,14
Ballaststoffe	0,5 g
Cholesterin	12 mg
Kalzium	23 mg
Vitamin A	0,028 mg
Vitamin E	0,5 mg
Vitamin C	2 mg
Purin	11 mg

Pikanter Zwiebel-Aufstrich

1. Hamburgerspeck und Zwiebeln feinwürfelig schneiden
2. Speckwürfel und Zwiebeln goldgelb anrösten
3. Topfen mit Senf glatt rühren
4. Angeröstete Zwiebeln, Speckwürfel und Petersilie unterheben, würzen

Tipp:

Dieser Aufstrich schmeckt am besten auf dunklen Brotsorten.

10 Portionen

80 g Hamburgerspeck
200 g Zwiebeln
1 EL Petersilie, gehackt
250 g Topfen (Quark) 20 % F. i. T.
1 KL Senf
Salz, Pfeffer

Nährwerte pro Portion:	
Energie	84 kcal / 351 kJ
Eiweiß	3,8 g
Fett	6,3 g
Kohlenhydrate	2,1 g
Broteinheiten	0,18
Ballaststoffe	0,7 g
Cholesterin	11 mg
Kalzium	41 mg
Vitamin A	0,031 mg
Vitamin E	0 mg
Vitamin C	3 mg
Purin	2 mg

Zwiebel-Aufstrich mit Apfel und Speck

8 Portionen

200 g Kartoffeln
80 g Hamburgerspeck
1/2 Zwiebel
1/2 Apfel, säuerlich
2 EL Sauerrahm (saure Sahne)
1 TL Orangensaft
Salz, Pfeffer

1. Kartoffeln schälen, würfelig schneiden
2. In Salzwasser weich kochen
3. Speck in kleine Würfel schneiden und in einer Pfanne knusprig braten, auf Küchenpapier abtropfen lassen
4. Zwiebel kleinwürfelig schneiden und in etwas Salzwasser kurz überkochen, in einem Sieb kalt abschrecken und gut abtropfen lassen
5. Apfel kleinwürfelig schneiden
6. Kartoffeln durch die Kartoffelpresse drücken oder mit einer Gabel zerdrücken, mit Sauerrahm gut verrühren
7. Die restlichen Zutaten dazugeben (einige Speckwürfel zum Garnieren übrig lassen) und gut verrühren, würzen

Nährwerte pro Portion:	
Energie	101 kcal / 421 kJ
Eiweiß	1,6 g
Fett	7,3 g
Kohlenhydrate	5,8 g
Broteinheiten	0,49
Ballaststoffe	1 g
Cholesterin	12 mg
Kalzium	10 mg
Vitamin A	0,011 mg
Vitamin E	0,1 mg
Vitamin C	5 mg
Purin	3 mg

Dekorationsvorschlag:

Aufstrich auf Schwarzbrot oder Vollkornbrot aufstreichen, mit feinen Apfelspalten, Speckwürfeln und Petersilie garnieren.

Jägerwecken

20 Portionen

250 g Sandwichwecken
---
200 g Saunaschinken
50 g Salami
100 g Emmentaler (45 % F. i. T.)
100 g Essiggurken
1 Paprika, grün

Abtrieb:

100 g Butter
2 KL Senf
Salz

Béchamel:

25 g Mehl, glatt
1 EL Butter
100 ml Milch

Nährwerte pro Portion:	
Energie	135 kcal/ 565 kJ
Eiweiß	5,1 g
Fett	8,9 g
Kohlenhydrate	7,7 g
Broteinheiten	0,64
Ballaststoffe	0,6 g
Cholesterin	28 mg
Kalzium	52 mg
Vitamin A	0,064 mg
Vitamin E	0,3 mg
Vitamin C	11 mg
Purin	9 mg

1. Krume aus dem Inneren des Brotes mit einem Kochlöffel entfernen, sodass der Sandwichwecken hohl ist
2. Krume zerkleinern, Schinken, Wurst, Käse, Essiggurken und Paprika kleinwürfelig schneiden
3. Abtrieb aus Butter, Senf und Salz herstellen
4. Béchamel (Milcheinmach) herstellen und auskühlen lassen
5. Béchamel, Abtrieb und alle klein geschnittenen Zutaten nach und nach mit so viel Krume wie nötig gut vermischen und fest in den ausgehöhlten Sandwichwecken füllen
6. Den gefüllten Wecken in Alufolie wickeln und im Kühlschrank einige Stunden gut durchziehen lassen!

Rindfleisch-Aufstrich

1. Kartoffeln dämpfen
2. Karotten und Sellerie in Salzwasser kochen
3. Kaltes Rindfleisch, Karotten, Sellerie und Zwiebel fein hacken
4. Die Kartoffeln schälen, pressen, auskühlen lassen und mit den anderen Zutaten vermischen
5. Mit Sauerrahm, Kernöl (nach Bedarf), Salz und Pfeffer und Knoblauch zu einem cremigen Aufstrich verrühren
6. Mit Schnittlauch und Radieschen garnieren

Tipp:

Für diesen Aufstrich ist gekochtes Suppenfleisch ideal.

12 Portionen

300 g Kartoffeln
50 g Karotten
50 g Sellerie
100 g gekochtes Rindfleisch
1/2 Zwiebel
5 EL Sauerrahm (saurer Rahm)
5 EL Kürbiskernöl
Salz
Pfeffer aus der Mühle
1 Knoblauchzehe, fein gehackt

Garnitur:

1 EL Schnittlauch
4 Radieschen

Nährwerte pro Portion:	
Energie	85 kcal / 357 kJ
Eiweiß	2,5 g
Fett	5,6 g
Kohlenhydrate	5 g
Broteinheiten	0,43
Ballaststoffe	0,9 g
Cholesterin	9 mg
Kalzium	14 mg
Vitamin A	0,095 mg
Vitamin E	0,2 mg
Vitamin C	5 mg
Purin	8 mg

Süsse Aufstriche

Rosinentopfen

10 Portionen

100 g Rosinen
250 g Topfen (Quark) 20 % F. i. T.
1 EL Honig
1 KL Zitronensaft
Zimt

1. Rosinen fein hacken
2. Topfen mit dem Honig gut verrühren
3. Rosinen dazugeben und mit Zitronensaft und Zimt abschmecken

Tipp:

Dieser Aufstrich eignet sich sehr gut als Fülle für Palatschinken.

Nährwerte pro Portion:	
Energie	61 kcal / 254 kJ
Eiweiß	2,9 g
Fett	1,1 g
Kohlenhydrate	9,1 g
Broteinheiten	0,77
Ballaststoffe	0,6 g
Cholesterin	4 mg
Kalzium	35 mg
Vitamin A	0,016 mg
Vitamin E	0,1 mg
Vitamin C	0 mg
Purin	5 mg

Ribisel-Topfen-Creme

1. Pignolien in einer beschichteten Pfanne goldgelb rösten
2. Auskühlen lassen und fein hacken
3. Topfen mit Sauerrahm, Honig und Pignolien verrühren
4. Ribiseln vorsichtig unterheben

Tipps:

Auf getoastetes Weißbrot streichen und mit Ribiseln und Minzeblättern garnieren.

Sehr dekorativ wirken die Ribiseln, wenn eine ganze Traube in Kristallzucker getaucht wird.

4 Portionen

30 g Pignolien (Pinienkerne)

250 g Topfen (Quark) 20 % F. i. T.

2 EL Sauerrahm (saure Sahne)

2 EL Honig

100 g Ribiseln (Rote Johannisbeeren)

Garnitur:

Minzeblätter, Ribiseln

Nährwerte pro Portion:	
Energie	165 kcal / 693 kJ
Eiweiß	9,3 g
Fett	8,5 g
Kohlenhydrate	11,5 g
Broteinheiten	0,95
Ballaststoffe	1,9 g
Cholesterin	15 mg
Kalzium	94 mg
Vitamin A	0,058 mg
Vitamin E	0,6 mg
Vitamin C	10 mg
Purin	5 mg

Pfirsich-Pistazien-Aufstrich

4 Portionen

100 g Pfirsich

1/2 TL Zitronensaft

150 g Topfen (Quark) 20 % F. i. T.

20 g Honig

10 g Pistazien

1. Pfirsich blanchieren, Haut abziehen, in Spalten schneiden und mit Zitronensaft pürieren
2. Topfen und Pfirsichmus vermengen, Honig nach Geschmack zugeben und Pistazien untermengen

Nährwerte pro Portion:	
Energie	77 kcal / 321 kJ
Eiweiß	4,6 g
Fett	2,5 g
Kohlenhydrate	8,2 g
Broteinheiten	0,68
Ballaststoffe	0,5 g
Cholesterin	6 mg
Kalzium	50 mg
Vitamin A	0,040 mg
Vitamin E	0,2 mg
Vitamin C	3 mg
Purin	2 mg

Marillen-Creme

6 Portionen

1/2 Dose Marillen (Aprikosen) 410 g

250 g Topfen (Quark) 20 % F. i. T.

2 EL Staubzucker

1/2 EL Zitronensaft

Garnitur:

Zitronenmelisse

Pistazien

1. 1/3 der Marillen in kleine Stücke schneiden, den Rest mit einem Mixstab fein pürieren
2. Topfen mit Zucker, Zitronensaft und den Marillen verrühren
3. Mit Zitronenmelisse und Pistazien garnieren

Serviervorschlag:

Die Marillencreme in Brandteigkrapferln oder Blätterteigkipferln füllen und mit Marillenspalten garniert servieren.

Tipp:

Sollte die Creme zu weich sein, 2 Blatt Gelatine in die Creme einarbeiten und im Kühlschrank stocken lassen.

Nährwerte pro Portion:	
Energie	80 kcal/ 337 kJ
Eiweiß	4,6 g
Fett	1,8 g
Kohlenhydrate	10,6 g
Broteinheiten	0,89
Ballaststoffe	0,2 g
Cholesterin	7 mg
Kalzium	52 mg
Vitamin A	0,044 mg
Vitamin E	0,1 mg
Vitamin C	1 mg
Purin	1 mg

Limetten-Nuss-Aufstrich

1. Walnüsse grob hacken
2. Topfen mit dem Saft der Limette und den Nüssen mischen, mit etwas erwärmtem Honig abschmecken

4 Portionen

40 g Walnüsse

100 g Magertopfen (-quark)

1/2 Limette

30 g Honig

Nährwerte pro Portion:	
Energie	111 kcal / 467 kJ
Eiweiß	4,8 g
Fett	6,4 g
Kohlenhydrate	8,6 g
Broteinheiten	0,71
Ballaststoffe	0,7 g
Cholesterin	0 mg
Kalzium	40 mg
Vitamin A	0,001 mg
Vitamin E	0,6 mg
Vitamin C	2 mg
Purin	1 mg

Kastaniencreme

8 Portionen

300 g Kastanien
1 EL Honig
1 EL Rum
5 EL Kaffeeobers (10 % Fett)
1 Pkg. Vanillezucker

1. Kastanien mit einem scharfen Messer einschneiden
2. Im Rohr bei 175 °C ca. 15 Minuten braten
3. Kastanien schälen
4. Mit Wasser bedeckt weich kochen – ca. 20 Minuten
5. Passieren, mit den restlichen Zutaten vermischen und glatt rühren

Tipp:

Schneller wird diese Creme mit Kastanienpüree bzw. Kastanienreis zubereitet.

Nährwerte pro Portion:	
Energie	75 kcal / 317 kJ
Eiweiß	1,1 g
Fett	1,5 g
Kohlenhydrate	13,8 g
Broteinheiten	1,15
Ballaststoffe	2,5 g
Cholesterin	4 mg
Kalzium	21 mg
Vitamin A	0,012 mg
Vitamin E	0,4 mg
Vitamin C	8 mg
Purin	0 mg

Dörrzwetschgen-Nuss-Aufstrich

8 Portionen

30 g Walnüsse
120 g Dörrzwetschgen
250 g Magertopfen (-quark)
2 EL Honig
Saft 1/2 Orange

1. Walnüsse grob hacken und ohne Fett kurz anrösten
2. Dörrzwetschgen fein hacken oder durch den Fleischwolf drehen
3. Topfen glatt rühren und die restlichen Zutaten dazugeben

Nährwerte pro Portion:	
Energie	99 kcal / 418 kJ
Eiweiß	5,3 g
Fett	2,7 g
Kohlenhydrate	12,3 g
Broteinheiten	1,03
Ballaststoffe	2,2 g
Cholesterin	0 mg
Kalzium	51 mg
Vitamin A	0,039 mg
Vitamin E	0,7 mg
Vitamin C	3 mg
Purin	6 mg

Dattelmus

1. Mandeln blanchieren, schälen und fein reiben
2. Datteln entkernen, klein schneiden
3. Datteln mit der weichen Butter und dem Obers gut verrühren
4. Apfel fein raspeln und mit den Mandeln zur Dattelmasse geben

10 Portionen

80 g Mandeln

250 g Datteln, getrocknet

30 g Butter

2 EL Schlagobers (-sahne)

1 Apfel

Tipp:

Passt sehr gut zu Semmeln, Kipferln und Vollkorntoast.

Nährwerte pro Portion:	
Energie	165 kcal / 690 kJ
Eiweiß	2 g
Fett	8,1 g
Kohlenhydrate	19 g
Broteinheiten	1,58
Ballaststoffe	3,7 g
Cholesterin	11 mg
Kalzium	39 mg
Vitamin A	0,04 mg
Vitamin E	2,2 mg
Vitamin C	2 mg
Purin	3 mg

Kaltgerührte Erdbeermarmelade

8 Portionen

250 g Erdbeeren
130 g Honig
2 EL Zitronensaft
1/2 KL Zitronensäure
1/2 KL Agar-Agar
2 EL Wasser

1. Erdbeeren mit Honig, Zitronensaft und Zitronensäure vermischen
2. Mindestens 1/2 Stunde mit der Küchenmaschine (Mixer) langsam rühren
3. Agar-Agar mit Wasser anrühren, mit etwas Beerenmus aufkochen, auskühlen lassen und zum Beerenmus geben
4. In Schraubverschlussgläser abfüllen und im Kühlschrank lagern (ca. 2 Wochen haltbar)

Tipp:

Für kaltgerührte Fruchtmarmeladen können auch tiefgekühlte Früchte verwendet werden. Statt Erdbeeren können Himbeeren, Schwarzbeeren (Heidel-), Johannisbeeren etc. genommen werden. Honig kann durch Zucker ersetzt werden.

Nährwerte pro Portion:	
Energie	64 kcal / 269 kJ
Eiweiß	0,2 g
Fett	0,1 g
Kohlenhydrate	15,2 g
Broteinheiten	1,27
Ballaststoffe	0,9 g
Cholesterin	0 mg
Kalzium	9 mg
Vitamin A	0,002 mg
Vitamin E	0,1 mg
Vitamin C	20 mg
Purin	1 mg

Trockenfrüchte-Aufstrich

10 Portionen

100 g Marillen (Aprikosen), getrocknet
100 g Dörrzwetschgen
100 g Feigen, getrocknet
150 ml Wasser
70 g Datteln, getrocknet
1 TL Zitronensaft
1 KL Vanillezucker
1 Msp. Zimt
1 Msp. Nelken, gemahlen

1. Trockenfrüchte waschen, grob schneiden
2. Mit dem Wasser übergießen und ca. 3 Stunden ziehen lassen
3. Datteln entkernen und grob schneiden
4. Die Früchte mit dem Zitronensaft und den Gewürzen zweimal durch den Fleischwolf drehen

Tipp:

Es können auch andere Trockenfrüchte oder auch nur eine Fruchtsorte verwendet werden.

Haltbarkeit: 2 – 3 Wochen im Kühlschrank.

Nährwerte pro Portion:	
Energie	101 kcal / 421 kJ
Eiweiß	1,6 g
Fett	0,4 g
Kohlenhydrate	20,9 g
Broteinheiten	1,75
Ballaststoffe	4,1 g
Cholesterin	0 mg
Kalzium	45 mg
Vitamin A	0,186 mg
Vitamin E	0,8 mg
Vitamin C	6 mg
Purin	11 mg

Nougatcreme

1. Schokolade erweichen
2. Erdnusscreme mit der weichen Margarine, dem Honig und der Schokolade gut verrühren

10 Portionen

30 g Kochschokolade
150 g Erdnusscreme
120 g Halbfettmargarine
150 g Honig

Tipp:

Dieser Aufstrich kann auch ohne Schokolade zubereitet werden. Er schmeckt gut zum Frühstück auf Vollkorngebäck.

Nährwerte pro Portion:	
Energie	192 kcal / 806 kJ
Eiweiß	4,2 g
Fett	12,8 g
Kohlenhydrate	15,4 g
Broteinheiten	1,28
Ballaststoffe	1,6 g
Cholesterin	0 mg
Kalzium	8 mg
Vitamin A	0,070 mg
Vitamin E	1,9 mg
Vitamin C	0 mg
Purin	4 mg

J

K

L

M

N

O

P

Q

R

S

T

U

W

Z